JESUCRISTO, NUESTRO SALVADOR

Iniciación a la Cristología

VICENTE FERRER BARRIENDOS

JESUCRISTO, NUESTRO SALVADOR

Iniciación a la Cristología

Décima edición

EDICIONES RIALP
MADRID

© 2025 *by* Vicente Ferrer Barriendos
© 2025 *by* EDICIONES RIALP, S. A.
   Manuel Uribe 13-15, 28033 MADRID
   (www.rialp.com)

Primera edición: 2002
Décima edición: 2025

ISBN (edición impresa): 978-84-321-7125-3
ISBN (edición bajo demanda): 978-84-321-5626-7
Depósito legal: M-12204-2025
Impreso en Gohegraf, Casarrubuelos (Madrid)

SUMARIO

RELACIÓN DE ABREVIATURAS

Sagrada Escritura

Am	Amós
Ap	Apocalipsis
1 Cor	Primera Epístola a los Corintios
2 Cor	Segunda Epístola a los Corintios
Col	Epístola a los Colosenses
1 Cro	Libro I de las Crónicas o Paralipómenos
2 Cro	Libro II de las Crónicas o Paralipómenos
Dan	Daniel
Dt	Deuteronomio
Ef	Epístola a los Efesios
Ex	Éxodo
Ez	Ezequiel
Flp	Epístola a los Filipenses
Gal	Epístola a los Gálatas
Gen	Génesis
Heb	Epístola a los Hebreos
Hch	Hechos de los apóstoles
Is	Isaías
Jb	Job
Jer	Jeremías
Jn	Evangelio de san Juan

1 Jn	Primera Epístola de san Juan
2 Jn	Segunda Epístola de san Juan
3 Jn	Tercera Epístola de san Juan
Lc	Evangelio de san Lucas
Lv	Levítico
Mal	Malaquías
Mc	Evangelio de san Marcos
Miq	Miqueas
Mt	Evangelio de san Mateo
Num	Libro de los Números
Os	Oseas
1 Pe	Primera Epístola de san Pedro
2 Pe	Segunda Epístola de san Pedro
Qo	Libro de Qohélet (Eclesiastés)
1 Re	Libro I de los Reyes
2 Re	Libro II de los Reyes
Rom	Epístola a los Romanos
Sab	Libro de la Sabiduría
Sal	Salmos
1 Sam	Libro I de Samuel
2 Sam	Libro II de Samuel
Sir	Libro de Ben Sirac (Eclesiástico)
St	Epístola de Santiago
1 Tim	Primera Epístola a Timoteo
2 Tim	Segunda Epístola a Timoteo
1 Tes	Primera Epístola a los Tesalonicenses
2 Tes	Segunda Epístola a los Tesalonicenses
Tit	Epístola a Tito
Zac	Zacarías

Otras siglas empleadas

a. / aa.	Artículo / artículos
AA	Decreto *Apostolicam actuositatem* del concilio Vaticano II
AG	Decreto *Ad gentes* del concilio Vaticano II
BAC	Biblioteca de Autores Cristianos

cap.	Capítulo
CEC	Catecismo de la Iglesia Católica (*Catechismus Ecclesiae Catholicae*)
cf.	Confróntese
Comp. Th.	*Compendium Theologiae* de S. Tomás de Aquino
Conc.	Concilio
Congr.	Congregación
Const.	Constitución
Decl.	Declaración
Decr.	Decreto
DS	*Enchiridion Symbolorum* de Denzinger-Schönmetzer
DV	Constitución dogmática *Dei Verbum* del concilio Vaticano II
Enc.	Encíclica
Ex. Ap.	Exhortación Apostólica
GS	Constitución pastoral *Gaudium et spes* del concilio Vaticano II
Ibid.	Ibidem (en el mismo pasaje)
Instr.	Instrucción
LG	Constitución dogmática *Lumen gentium* del concilio Vaticano II
n. / nn.	Número / números
par.	Paralelos
p. / pp.	Página / páginas
p. ej.	Por ejemplo
q.	Cuestión
s. / ss.	Siguiente / siguientes
SC	Decreto *Sacrosanctum Concilium* del concilio Vaticano II
S. Th.	*Summa Theologiae* de S. Tomás de Aquino
t.	Tomo
UR	Decreto *Unitatis Redintegratio* del concilio Vaticano II
v. / vv.	Versículo / versículos
vol.	Volumen

que su vida tenga un sentido. También desea la justicia y la felicidad plena que no hallamos en esta vida.

Sin embargo, los hombres —con nuestros medios y fuerzas— no podemos hacer realidad estos anhelos profundos del ser humano. En cambio, todas esas aspiraciones quedan perfectamente colmadas y superadas por la realidad que nos enseña la Iglesia: Dios existe y es infinitamente bueno, nos quiere, nos ha creado por amor y nos destina a compartir su vida feliz, a vivir del amor infinito de la Santa Trinidad. ¡Somos objetos del amor divino!

El Compendio del Catecismo prosigue en ese mismo punto: «En la plenitud de los tiempos, Dios Padre envió a su Hijo como Redentor y Salvador de los hombres caídos en el pecado, convocándolos en su Iglesia, y haciéndolos hijos suyos de adopción por obra del Espíritu Santo y herederos de su eterna bienaventuranza» (n. 1).

Jesucristo es el camino que Dios ha elegido para conseguir sus fines y superar todos los obstáculos. Él nos muestra aún más la maravilla de su amor misericordioso hacia nosotros. Con Jesús sí podemos alcanzar nuestro bien y felicidad para siempre. «¡Reconoce, cristiano, tu dignidad», decía un Padre de la Iglesia[1], pues el Señor nos quiere hacer partícipes para siempre de su vida (cf. 2 Pe 1, 4), de su amor y de su felicidad.

Sin embargo, otros contemporáneos nuestros piensan que se puede alcanzar la felicidad eterna por muchos caminos, y Jesús constituiría solo uno de ellos. Él nos aportaría solo una luz o revelación imperfecta y parcial que se complementaría con otras. Por tanto, cualquier camino religioso podría ser bueno y suficiente para alcanzar la salvación[2].

---

[1] S. León Magno, *Homilía I sobre la Natividad del Señor.*

[2] Cf. S. C. Para la Doctrina de la Fe, Declaración *Dominus Iesus,* año 2000. Este documento clarifica estos puntos ante el relativismo religioso que se ha difundido en la actualidad, especialmente en el ámbito del pluralismo religioso y del diálogo interreligioso.

Pero no es así. La Iglesia y la revelación divina enseñan que *Jesús es «el camino»* (Jn 14, 6*), «el único mediador»* (1 Tim 2, 5). Aunque para los que no creen —tanto para los antiguos como para los actuales— Cristo parece una necedad, sin embargo, para los creyentes Él es la fuerza y la sabiduría de Dios (cf. 1 Cor 1, 22-24). Él es precisamente —y solo Él— quien puede colmar todas nuestras aspiraciones: Él nos manifiesta hasta qué punto nos ama Dios, Él es quien quita el pecado del mundo, quien nos librará de todo mal y de la muerte; Él es quien nos destina a la gloria del cielo y nos dará una eternidad de vida feliz.

Así pues, el conocimiento, el encuentro y la unión de cada uno con Jesucristo es algo decisivo para nuestro bien y felicidad. San Pablo confiesa a **«Jesucristo, nuestro Salvador»** (Tit 3, 6)[3], encerrando en esa frase como un resumen de su persona y de su obra. Y de modo semejante los cristianos de los primeros siglos compusieron el acróstico ΙΧΘΥΣ, palabra griega que significa «pez», con las iniciales de «Jesús / Cristo, / de Dios / Hijo, / Salvador». En aquella época de frecuentes persecuciones, para los fieles esta denominación o la representación de la figura de un pez eran símbolos velados de Jesús, que es el Cristo hijo de David, es el Hijo de Dios que ha venido al mundo, y es nuestro Salvador.

Este libro de iniciación a la Cristología pretende facilitar a un amplio número de personas un cierto conocimiento de la admirable riqueza y profundidad del misterio de Cristo[4].

Este manual quiere proponer la doctrina sobre Cristo de un modo un poco más profundo y explicativo que una simple exposición del contenido del Catecismo de la Iglesia. Para ello,

---

[3] Cf. también 2 Tim 1, 10; Flp 3, 20.
[4] Cf. Flp 3, 8; Ef 3, 8.

tiene el método y la estructura de un tratado teológico sistemático, así como la terminología propia, que hemos procurado explicar con sencillez. Por este motivo también se han incluido bastantes citas y referencias de la sagrada Escritura, así como otras del Magisterio de la Iglesia y algunas de santo Tomás de Aquino, a quien el concilio Vaticano II recomienda como guía en estos estudios[5]. Y, por supuesto, se cita con frecuencia el Catecismo de la Iglesia Católica que sintetiza con precisión y autoridad los distintos temas.

Y como se trata solo de una obra de iniciación teológica hemos prescindido de algunos temas que parecen menos importantes y hemos abreviado u omitido diversas explicaciones que podrían alargar el texto[6]. También se ha evitado en lo posible incluir nombres y citas de muchos otros autores.

No se trata, por tanto, de una obra de tipo histórico —una vida de Jesucristo—, o de espiritualidad, sino un texto teológico conciso y resumido. Por eso requiere del lector un cierto esfuerzo para entenderlo con precisión y para extraer de esta enseñanza algunas conclusiones o luces para la vida cristiana.

---

[5] Cf. CONC. VATICANO II, Decr. *Optatam totius*, 16.

[6] Por este motivo, aunque en el texto se incluyen citas de la sagrada Escritura la mayoría de las veces solo hay referencias a ella. En ocasiones puede ser conveniente consultar esos pasajes para entender más claramente el sentido de lo que en esos pasajes se expone.

Capítulo 1
INTRODUCCIÓN A LA CRISTOLOGÍA

1. El estudio teológico sobre Jesucristo

a) El objeto de la Cristología

La Cristología es una parte de la teología que trata sobre Cristo. Estudia a Jesucristo en sí mismo —el misterio de su persona, como Dios y hombre verdadero que vivió en unas determinadas condiciones históricas—, y estudia también a Jesús en el plan divino de la salvación —como Mesías, Redentor y Salvador nuestro—, tal como nos lo propone la revelación divina y la Iglesia.

El objeto de nuestra fe sobre Cristo, que es, a su vez, el objeto de la Cristología, no es una fórmula vacía, ni una ideología determinada, sino una persona concreta: «Nosotros creemos y confesamos que Jesús de Nazaret, nacido judío de una hija de Israel, en Belén en el tiempo del rey Herodes el Grande y del emperador César Augusto; de oficio carpintero, muerto crucificado en Jerusalén, bajo el procurador Poncio Pilato, durante el reinado del emperador Tiberio, es el Hijo eterno de Dios hecho hombre, que ha 'salido de Dios' (Jn 13, 3), 'bajó del cielo' (Jn 3, 13; 6, 33), 'ha venido en carne' (1 Jn 4, 2), porque 'la Palabra se hizo carne, y habitó entre nosotros, y hemos visto su gloria, gloria que recibe del Padre como Hijo único, lleno de gracia y de verdad [...] Pues de su plenitud hemos recibido todos, y gracia por gracia' (Jn 1, 14.16)»[1].

b) «El misterio de Cristo»

Sabemos que el misterio de la Santísima Trinidad es el misterio central de la fe y de la vida cristiana. Es el misterio de Dios en sí mismo, fuente de todos los otros misterios de la fe y la luz que los ilumina[2]. Toda la fe de la Iglesia se resume en el misterio de la Santísima Trinidad en sí misma y en el misterio su «designio benevolente» (Ef 1, 9) acerca de la salvación de todos los hombres.

Y todo ese designio amoroso divino de nuestra salvación se centra en Cristo: el Padre realiza el «misterio de su voluntad» (Ef 1, 9) enviando a su Hijo amado para la salvación del mundo, y por medio de Él nos comunica su Espíritu que nos hace partícipes de la vida divina. Este admirable designio divino es el «misterio que estaba escondido desde siglos en Dios» (Ef 3, 9) y que se ha revelado y se realiza en la historia por medio de Jesucristo.

La dispensación o realización de ese plan de la benevolencia divina de nuestra salvación es designada en el Nuevo Testamento como «*el misterio de Cristo*» (cf. Ef 3, 1-12). Así pues, se puede decir que el misterio de la persona y de la obra salvífica de Cristo anuda y resume todos los artículos de la fe: los que se

---

[1] Catecismo de la Iglesia Católica (CEC), 423.
[2] Cf. CEC, 234.

refieren a la Trinidad, pues Él es Dios, Hijo del Padre, y nos revela a la Trinidad; y los que se refieren a los designios y obras de Dios, pues Él ha realizado el plan de su voluntad de salvación.

2. La fe y la razón humana ante el misterio de Jesucristo

a) Necesidad de la fe para conocer a Jesucristo

Al hablar del misterio de Cristo, afirmamos que en Él, además de la realidad visible e histórica que podemos conocer humanamente, hay una realidad divina y trascendente que está oculta a nuestros ojos. Lo visible del Señor, su presencia física entre los hombres y su actuación en la historia, manifiesta esa realidad divina a la vez que la encubre.

Mediante los métodos propios de la historia podemos llegar a conocer cada vez mejor la realidad exterior de la vida de Jesús. Pero únicamente mediante la revelación divina y la fe podemos trascender lo externo y llegar a conocer quién es Él verdaderamente, ya que «nadie conoce al Hijo sino el Padre» (Mt 11, 27), y, como Él mismo decía: «Nadie puede venir a mí si no lo atrae el Padre que me ha enviado» (Jn 6, 44).

Veámoslo en el episodio que nos narra san Mateo, testigo de ese acontecimiento: «Viniendo Jesús a la región de Cesarea de Filipo, preguntó a sus discípulos: ¿Quién dicen los hombres que es el Hijo del hombre? Ellos contestaron: Unos, que Juan el Bautista; otros, que Elías; otros, que Jeremías u otro de los Profetas» (Mt 16, 13-14). Son diversas opiniones ante la figura de Cristo y de sus obras admirables: «Es un hombre de Dios». Esta es una respuesta humana, una conclusión a la que llega la razón de los hombres.

Pero Jesús sigue preguntando: «Y vosotros, ¿quién decís que soy?». Y Pedro responde: «Tú eres el Mesías, el Hijo de Dios vivo». Y Jesús añade: «Bienaventurado eres, Simón, hijo de Juan, porque no te ha revelado eso ni la carne ni la sangre, sino mi Padre que está en los cielos» (Mt 16, 15-17). Esa confesión no era fruto de una deducción de Pedro con sus luces naturales a partir de lo que había visto de Jesús, sino un don y revelación de Dios; no es una respuesta humana, sino una respuesta de Dios Padre que declara la verdad y la realidad de Jesús muy por encima de la opinión de los hombres.

Así pues, no es suficiente considerar a Jesús como un personaje digno de interés histórico o religioso, ni considerarlo incluso como el ideal humano de una espiritualidad sincera y profunda, o el ideal del amor a los demás, o de una honda sabiduría moral. Sin la fe no se puede conocer verdaderamente a Jesús; sin ella solo se puede alcanzar una opinión muy pobre sobre Él, cuando no se trata de una caricatura. Hace falta ver a Jesús con los ojos de la fe para conocerlo realmente y confesar con Pedro: «Tú eres el Mesías, el Hijo de Dios vivo».

b) El papel de la razón ante el misterio de Cristo

Nuestra fe tiene una base real e histórica, y constituyen parte integrante de nuestra fe los acontecimientos históricos del nacimiento de Cristo, de su vida y de su actividad en este mundo, de su muerte, resurrección y ascensión. Jesucristo, que es el objeto de la fe de la Iglesia, no es un mito: es un hombre que vivió en un contexto histórico concreto, y los acontecimientos de su existencia fueron reales y comprobables.

Por eso, aunque la razón humana no puede con solas sus fuerzas llegar a comprender plenamente a Cristo, sin embargo desempeña una función importante en el conocimiento de muchas cosas de la vida histórica del Señor.

Precisamente el Nuevo Testamento está escrito como una narración de lo realmente acontecido y de lo verdaderamente enseñado por Jesús (cf. Lc 1, 1-4). Y aunque los Evangelios están escritos con el fin de suscitar la fe (cf. Jn 20, 31), esa finalidad no resta nada al carácter real e histórico de lo consignado, siendo los apóstoles los testigos de esos acontecimientos.

Es más, todos los hechos y enseñanzas de Cristo que la razón humana puede aportar facilitan la fe, pues sus obras dan testimonio de Él (cf. Jn 10, 25), son el sello de su misión divina, y hacen ver que la fe es razonable y no un movimiento ciego del espíritu.

3. La llamada «cuestión histórica» sobre Jesús y la pretendida distinción entre el Jesús de la historia y el Cristo de la fe

a) *La búsqueda del «Jesús de la historia» con un método exclusivamente racional*

En los últimos siglos se ha planteado la cuestión del «acceso a Jesús», esto es, la investigación de lo que se puede conocer con certeza acerca del «Jesús de la historia», empleando una metodología puramente histórica o literaria, sin tener presente el dogma ni la Tradición de la Iglesia, sin tener en cuenta «el Cristo de la fe».

1. La crítica histórica. Desde finales del siglo XVIII, en el marco de *la Ilustración*, surge una búsqueda que intenta reconstruir la vida de Jesús utilizando una metodología histórica que solo admite como verosímil lo que tiene una explicación racional; lo demás es considerado irreal e inadmisible para la ciencia. Para estos racionalistas el Señor fue un simple hombre, del que hay que despojar como mito todo lo milagroso y sobrenatural. Por tanto, para ellos, los Evangelios —que nos hablan de su divinidad y de sus milagros— no gozarían de ninguna fiabilidad, y no se deberían tener en cuenta para establecer una verdadera historia que quiere ser «crítica», puramente racional: esta historia tendrá que basarse en fuentes externas.

Poco después, a lo largo de todo el siglo XIX, también el *protestantismo liberal* intentó llegar por la crítica histórica a la verdadera figura de Jesús. Esta corriente de pensamiento siguió el mismo camino de contar únicamente con la razón y la ciencia histórica positiva, prescindiendo de los testimonios del Nuevo Testamento y de la Tradición de la Iglesia.

Después de un siglo de una búsqueda histórico-crítica al margen de los Evangelios, tanto por parte de los ilustrados como por los protestantes liberales, los resultados no fueron muy satisfactorios: solo podían llegar a conocer con certeza unas pocas cosas de ese «Jesús histórico»; y, desde luego, no llegaron a la fe: no llegaron a ver a Cristo como el Hijo de Dios hecho hombre.

2. La historia de las formas. En la primera mitad del siglo XX Rudolf Bultmann, autor protestante que ha ejercido una gran influencia entre los exégetas, incluso católicos, sostuvo que los Evangelios no intentan dar una narración objetiva de la vida y de la obra de Jesús, sino una *teología.* Para exponer sus ideas Bultmann señala que hay que distinguir estos estadios respecto a Jesús:

—*En el estadio de su vida humana,* Jesús fue solo un profeta que anunció el advenimiento inminente del reino de Dios. No pretendió ser el Mesías, sino solo un predicador del reino.

—*Después de la resurrección,* los discípulos, como consecuencia de las apariciones (que son solo subjetivas según Bultmann), tuvieron a Jesús como el Mesías, como el rey que venía a implantar el reino.

—*El tercer estadio lo constituye la extensión del cristianismo en el mundo griego,* en el que evoluciona la figura de Jesús (que había sido considerado como Mesías después de la resurrección y dentro del mundo judío) y pasa a ser un *hombre divino*, el Hijo de Dios.

—*Después, viene la redacción de los evangelios,* en los que se recoge, según este autor, todo este proceso evolutivo del pensamiento cristiano; como consecuencia, en los evangelios no se nos muestra al verdadero Jesús de la historia, sino una imagen de Jesús producto de la evolución de las creencias de los fieles; su figura estaría formada por esas distintas capas de tradición superpuestas.

Ya que los Evangelios se escribieron explícitamente para mostrarnos a Jesús como el hijo de David e Hijo de Dios (cf. Mt 1, 1; Mc 1, 1), para que creamos que Él es el Cristo, el Hijo de Dios, y así tengamos vida en su nombre (cf. Jn 20, 31), para Bultmann estos escritos no tienen valor histórico. Así pues, según este autor existe una discontinuidad o un salto entre «el Cristo histórico» y lo que los primeros cristianos pensaban de Él, «el Cristo de la fe»[3].

Según esta teoría, solo podremos llegar a conocer cómo era el núcleo histórico original de esa tradición sobre Jesús *desmitificando*, desandando la *historia* que esas *formas* de fe habrían recorrido: habría que quitar las distintas capas o mitos que se habrían ido añadiendo con la tradición para llegar al núcleo original: habría que eliminar las narraciones que presentan una imagen de Cristo como Mesías, o como Hijo de Dios, o los milagros.

Los resultados de la «historia de las formas» han sido desoladores, para ella solo se podrían conocer con certeza crítica algunas pocas cosas de la vida de Jesús.

---

[3] Por ejemplo: *La confesión de Pedro y la transfiguración,* en que Jesús aparece como Mesías, serían escenas nacidas después de la resurrección y que habrían sido incluidas dentro del marco de la vida terrena de Jesús. *La narración del bautismo* y *de las «tentaciones»,* que afirman la filiación divina de Jesús, serían, elaboraciones de la fe de los evangelistas —sin base histórica— que las presentaron como sucesos históricos; etc.

3. La nueva búsqueda del Jesús histórico: la última crítica histórico-literaria. En la segunda mitad del siglo xx, diversos autores protestantes corrigieron el método de «la historia de las formas» empleando nuevas aportaciones de la lingüística, aunque mantuvieron sus presupuestos fundamentales. Los criterios lingüísticos empleados han sido varios, y los resultados han sido solo en parte positivos, en cuanto que han conseguido probar que determinados hechos y palabras (no muchos) que nos transmiten los Evangelios no son mitos, sino que son atribuibles con bastante certeza al Jesús de la historia, son históricos.

Los resultados que han obtenido estos autores son muy escasos y divergentes: las conclusiones han sido diversas reconstrucciones o imágenes de la figura de Jesús, según los distintos puntos de partida que cada autor ha establecido: unos imaginan un *Jesús judío de gran religiosidad*; otros, un *Jesús taumaturgo* (curandero, mago o exorcista); otros, un *Jesús maestro* (rabí, sabio o moralista que se enfrenta a la autoridad religiosa); otros presentan a un *Jesús judío revolucionario* (promotor de una revolución social, o víctima de la conflictividad política con Roma); otros, un *Jesús profeta escatológico*; etc.

b) *El error de la supuesta distinción entre el Jesús de la historia y el Cristo de la fe*

El racionalismo restringe por principio el carácter real e histórico de los sucesos solo a aquellos que tienen una explicación racional, y, por tanto, excluye de entrada que Jesucristo sea Dios o la posibilidad de los milagros. Por ese mismo *a priori* racionalista no se admite la inspiración divina de la Escritura ni la veracidad de los Evangelios, de los cuales solo aceptará lo que se pueda explicar según diversos criterios racionales subjetivos.

Estos prejuicios se estrellan contra la índole evidentemente histórica y testimonial que muestran los escritos del Nuevo Testamento[4]. Los evangelistas, ciertamente, han tenido un papel importante en la redacción de esos libros: han escogido algunas de las cosas que ya se transmitían de palabra o por escrito, han resumido otras, y las han ordenado según diversos criterios. Pero, *sobre todo hemos de decir que, inspirados por el Espíritu divino, se preocuparon de transmitir fielmente lo que ellos mismos habían visto y oído (Mateo y Juan) o lo que enseñaron otros testigos oculares* (cf. Lc 1, 2-4)[5].

Si el «Jesús histórico», que realmente existió, y el «Cristo de la fe», el que cree o imagina la Iglesia, resultasen distintos, nuestra fe no tendría un firme apoyo real e histórico. Por eso, con toda razón, el Magisterio de la Iglesia ha reprobado esta doctrina.

Ya la Iglesia primitiva *con el mismo nombre de «Jesucristo»* confesaba que «Jesús», el histórico, es el «Cristo», el de la fe. Precisamente la actitud de la primera tradición cristiana fue la de conservar con veneración el recuerdo de las palabras y obras de Jesús y transmitirlas fielmente a las generaciones siguientes de palabra y por escrito.

---

[4] Cf. 2 Pe 1, 16-18; 1 Jn 1, 1-3.

[5] Cf. Conc. Vaticano II, Const. Dogm. *Dei Verbum,* (DV), 19. Cuando los apóstoles estaban con Jesús no entendían en profundidad los hechos y las palabras del Maestro; después de su resurrección y de la venida del Espíritu Santo comprendieron mejor el sentido de esos mismos hechos y palabras que habían presenciado (cf. Jn 2, 22; 16, 12-13). Al redactar los Evangelios, sus autores —inspirados por Dios— transmitieron fielmente lo que Jesús hizo y enseñó con ese mayor entendimiento que el Espíritu les había comunicado (Cf. Conc. Vaticano II, DV, 11 y 19). Por tanto, los Evangelios no tergiversan la historia de Cristo sino que nos la transmiten fielmente y, además, de un modo más completo, profundo y verdadero.

4. El método teológico

a) El punto de partida y fuentes de la Cristología

El punto de partida de la Cristología es la fe, como toda verdadera teología. La teología es la ciencia acerca de Dios, en cuanto lo conocemos por la fe mediante la luz de la revelación. Es un conocimiento que se basa en la fe y que, al mismo tiempo, es una ciencia, un esfuerzo racional para entender más profundamente los misterios revelados. Es «la fe que busca entender», como decía san Anselmo: es el conocimiento que surge de la fe que busca una mayor comprensión de los misterios revelados.

Por eso, el punto de partida de la Cristología es la fe y no los resultados de una investigación meramente histórica sobre Jesús.

Las fuentes de la Cristología son las mismas que tiene la fe y todo tratado teológico: la palabra escrita de Dios y la sagrada Tradición[6].

En cuanto a la Tradición de la Iglesia tenemos que decir que la revelación ha sido creída, vivida e interpretada desde el inicio por los Padres y Doctores de la Iglesia, y se ha manifestado en la liturgia y en la piedad popular. En una palabra, encontramos la verdad revelada en la fe y en la vida de la Iglesia.

La garantía y la interpretación auténtica de la Escritura y de la Tradición la tenemos en el magisterio de la Iglesia, ya que «el oficio de interpretar auténticamente la palabra de Dios escrita o transmitida ha sido confiado únicamente al Magisterio vivo de la Iglesia, cuya autoridad se ejerce en el nombre de Jesucristo» (DV, 10).

En el fondo, es la Iglesia viva sostenida por el Espíritu Santo quien nos «guía hacia la verdad completa» (Jn 16, 13). Y esta

---

[6] Por la índole de este libro utilizaremos los textos de la sagrada Escritura atendiendo principalmente a su contenido y no tanto al proceso histórico de su redacción, ya que creemos que están inspirados por Dios y nos «comunican fielmente lo que Jesús, el Hijo de Dios, viviendo entre los hombres, hizo y enseñó realmente hasta el día en que fue elevado al cielo [...] y siempre nos comunicaron la verdad sincera acerca de Jesús» (CEC, 126; cf. DV, 19).

verdad la encontramos expresada especialmente los símbolos de la fe y en el magisterio de la Iglesia.

b) El recto uso de los métodos histórico-críticos o literarios

Las ciencias humanas —la historia, la arqueología, la filología, etc.— son provechosas para acercarnos a la realidad histórica de Jesús y de la composición de los Evangelios; son también muy útiles para entender mejor las condiciones históricas de la cultura en que vivió Jesús, para conocer los «géneros literarios» que se empleaban al escribir y las maneras de hablar en aquella época.

Estas ciencias aplicadas a la persona y obra de Jesús son, pues, legítimas y útiles; y, además, también sirven para responder a las dificultades que presenta la exégesis moderna, lo cual es importante pues bastantes personas de nuestro tiempo tienen la impresión que la fe en la persona de Cristo es una actitud subjetiva con muy poco fundamento en la realidad, y que la teología es un artificio creado por los creyentes sin una base histórica suficiente.

Pero esos métodos histórico-críticos o literarios deben aplicarse siempre de modo científico y con rectitud, y no deben estar viciados por determinados prejuicios filosóficos. Concretamente, para que estas investigaciones sean rectas, no se deben separar nunca de la fe, aunque son distintas de ella; en particular deben tener presente que ese Jesús que investiga la historia no es un simple hombre, sino que también es el Hijo de Dios, como enseña la fe de la Iglesia desde el inicio: los métodos histórico-críticos no deberían nunca llegar a conclusiones que parezcan negar o excluir la divinidad de Jesús, pues en este caso demostrarían estar equivocados. *El conocimiento verdadero de Cristo es el que nos proporciona la fe, mientras que el conocimiento puramente exterior o histórico es solo parcial e insuficiente*[7].

---

[7] San Pablo, frente a las pretensiones de algunos judeocristianos que se jactaban de haber conocido físicamente a Cristo, dice que ese hecho no es

5. Estructura de este manual

El contenido de este manual sobre el misterio de Cristo se estructura en dos partes: el estudio de la persona de Jesucristo y el de su obra salvífica, que realmente constituyen un único misterio, ya que «no es posible separar en Cristo su ser de Dios-Hombre y su función de Redentor. El Verbo se hizo carne y vino a la tierra *ut omnes homines salvi fiant* (cf. 1 Tim 2, 4), para salvar a todos los hombres»[8].

En la primera parte estudiaremos la persona del Redentor. Para ello, comenzaremos viendo la venida del Hijo de Dios al mundo dentro de la economía divina de la salvación. Consideraremos después la realidad de la encarnación: el Verbo, siendo Dios, se hace hombre. A continuación intentaremos esclarecer, en lo posible, el misterio de la unidad de Cristo, Dios y hombre verdadero. Y, por último, estudiaremos distintos aspectos de la verdadera humanidad que asumió.

En la segunda parte trataremos de la obra del Redentor. Para ello, comenzaremos por clarificar qué es la redención. Consideraremos después por qué la obra de Cristo puede alcanzarnos a nosotros: porque Él es la cabeza del linaje humano y el mediador entre Dios y los hombres. A continuación estudiaremos los actos de la vida de Cristo con los que nos salva: primero, los misterios de su vida terrena, particularmente su pasión y muerte, y después los misterios de su vida gloriosa. Y terminaremos viendo esa redención en nosotros, los frutos de la obra redentora de Cristo en nosotros.

---

ningún título de orgullo, sino que el verdadero conocimiento de Cristo es el de la fe, es el que nos une a Él y nos comunica la nueva vida que nos trae (cf. 2 Cor 5, 16-17).

[8] S. Josemaría Escrivá, *Es Cristo que pasa*, 106.

PRIMERA PARTE

LA PERSONA DE JESUCRISTO

Capítulo 2
LA VENIDA DEL HIJO DE DIOS EN LA ECONOMÍA DE LA SALVACIÓN

Dios, en un designio eterno de amor, decidió crear al hombre para hacerle partícipe de su vida bienaventurada. Ese plan requería y requiere nuestra aceptación y nuestra libre correspondencia para que poder llegar a esa comunión de amor con Dios. Pero el hombre, desde el inicio de la historia, engañado por el demonio, rechazó ese proyecto maravilloso de amor y felicidad infinitos, y eligió vivir para sí mismo.

Sin embargo, Dios, infinitamente sabio y rico en misericordia, llevó adelante su designio de un modo asombroso: sacando de ese mal, que es el pecado, bienes mayores. En efecto: «En la plenitud de los tiempos, Dios Padre envió a su Hijo como Redentor y Salvador de los hombres caídos en el pecado, convocándolos en su Iglesia, y haciéndolos hijos suyos de adopción por obra del Espíritu Santo y herederos de su eterna bienaventuranza»[1].

Este camino elegido por Dios para salvarnos —por Cristo, con Él y en Él— muestra aún más vivamente la grandeza del poder de Dios y de su inmenso amor hacia nosotros.

---

[1] COMPENDIO DEL CATECISMO DE LA IGLESIA CATÓLICA, 1.

1. ¿Por qué ha venido el Hijo de Dios al mundo? ¿Qué finalidad tiene su venida?

En los párrafos precedentes nos hemos referido al envío del Hijo de Dios al mundo y a la realidad del pecado. Pero ¿hay entre estas dos realidades un nexo? Y, en todo caso, ¿por qué ha querido Dios la encarnación de su Hijo?

Antes de responder a estas preguntas debemos tener presente que Dios no depende de nadie, pues no necesita nada y no está obligado a nada. Por eso no podemos dar una respuesta que se deduzca necesariamente del hecho de la encarnación: Dios podría querer la encarnación de su Hijo para liberarnos del pecado, o podría quererla en orden a otro fin. Por tanto, para conocer el pensamiento y el libérrimo querer divino no tenemos otro camino que acudir a lo que Dios mismo nos ha manifestado de los designios de su voluntad soberana. Veamos, pues, lo que nos dice la revelación.

a) El Hijo de Dios vino al mundo para salvar a los hombres

El fin de la encarnación es la salvación de los hombres. Así lo manifiesta con claridad la sagrada Escritura: «Es palabra digna de crédito y merecedora de total aceptación que Cristo Jesús vino al mundo para salvar a los pecadores» (1 Tim 1, 15). O bien cuando afirma que el Hijo de Dios vino «para que el mundo se salve por Él» (Jn 3, 17), «para ser Salvador del mundo» (1 Jn 4, 14). Por eso la sagrada Escritura otorga muchas veces a Cristo el título de «*Salvador*» desde la primera predicación de los apóstoles[2].

---

[2] Cf. Mt 1, 21; Hch 5, 31; 13, 23; Ef 5, 23; Flp 3, 20; 1 Tim 4, 10; 2 Tim 1, 10; Tit 2, 14; 3, 6; etc.

Esto es lo que confiesa la Iglesia en el Credo Niceno-Constantinopolitano: el Hijo de Dios «por nosotros los hombres y por nuestra salvación bajó del cielo, y por obra del Espíritu Santo se encarnó de María la Virgen y se hizo hombre».

Así pues, este es el amoroso designio divino: Dios, que «quiere que todos los hombres se salven» (1 Tim 2, 4), ha decidido que su Hijo, hecho hombre, fuera la causa de nuestra salvación (cf. Heb 5, 9).

Para entender un poco más este designio divino, conviene recordar que después del pecado original la naturaleza humana estaba privada de la vida divina y muy malherida en su condición; hacía falta comunicarle la vida de Dios que había perdido y hacía falta repararla. El hombre necesitaba ser salvado.

*b) Los dos aspectos de la salvación del hombre:
la liberación del pecado y la comunicación de la vida divina*

La salvación del hombre, según el designio divino, comprende dos aspectos unidos e inseparables: la liberación del pecado y la comunicación de la vida divina. La sagrada Escritura para señalar la finalidad de la venida del Hijo de Dios al mundo señala unas veces un aspecto y otras veces el otro:

El Hijo de Dios se encarnó para liberarnos del pecado: «Dios nos amó y nos envió a su Hijo como propiciación por nuestros pecados» (1 Jn 4, 10). O bien: «El Hijo del hombre ha venido a buscar y salvar lo que estaba perdido» (Lc 19, 10).

Asimismo la Tradición y el Magisterio de la Iglesia enseñan que el Verbo se hizo hombre para «liberar al hombre del pecado mediante los misterios de su carne»[3].

---

[3] Conc. Vaticano II, *Lumen Gentium*, (LG), 55; entre otros muchos testimonios.

El Hijo de Dios se encarnó para conseguirnos la vida eterna. Así lo expresa igualmente la revelación: Dios envió su Hijo al mundo para que este «no perezca, sino que tenga vida eterna» (Jn 3, 16). O, con otras formas equivalentes: «para hacernos partícipes de la naturaleza divina» (2 Pe 1, 4), o «para que recibiésemos la adopción de hijos» (Gal 4, 5).

Y la Tradición afirma: «Tal es la razón por la que el Verbo se hizo hombre, y el Hijo de Dios, Hijo del hombre: para que el hombre al entrar en comunión con el Verbo y al recibir así la filiación divina, se convirtiera en hijo de Dios»[4]. El Verbo se encarnó para conseguirnos la vida eterna, plenamente en el cielo y ahora incoativamente por la gracia.

c) Hay otras razones de su venida al mundo, pero todas ellas están comprendidas en la salvación de los hombres o a ella se ordenan

Dios Padre, según su inmensa benevolencia, quiso, además, facilitarnos con la encarnación de su Hijo todos los medios para que mejor y más convenientemente pudiéramos alcanzar la salvación. Por eso a la venida del Hijo de Dios al mundo se le pueden asignar otros muchos bienes o fines que están comprendidos en esa finalidad principal o a ella se ordenan[5]. Por ejemplo:

El Verbo divino ha venido a comunicarnos la verdad, a revelarnos a Dios. Jesús mismo dijo: «He venido a este mundo para dar testimonio de la verdad» (Jn 18, 37). Él es el mediador y la plenitud de la revelación divina: es el maestro que nos revela a Dios, y Él es la Verdad misma (cf. Jn 14, 6).

---

[4] S. Ireneo, *Adversus haereses*, 3,19,1. Cf. CEC, 460.
[5] Cf. S. Tomás de Aquino, *Summa theologiae* (S. Th.) III, q.1, a.2.

Ha venido a fortalecer nuestra esperanza y a movernos al amor de Dios, pues la misma encarnación manifiesta el inmenso amor que Dios nos tiene. Ahora podemos estar seguros de su amor, ciertos de que está empeñado en llevarnos con Él al cielo, y que nos va a ayudar en toda circunstancia. «En esto se manifestó el amor que Dios nos tiene: en que Dios envió al mundo a su Hijo único para que vivamos por medio de Él» (1 Jn 4, 9).

Ha venido para que de modo visible tengamos en Él ejemplo de vida y modelo de santidad. Jesús mismo nos dice: «Aprended de mí» (Mt 11, 29). «Él es el modelo de las bienaventuranzas y la norma de la ley nueva» (CEC, 459).

2. La salvación es obra de la misericordia divina y don de Dios

a) El hombre, con sus solas fuerzas naturales, no puede alcanzar la salvación

La revelación nos dice que, después del pecado original, todos los hombres, judíos y gentiles, habían quedado privados de la gloria de Dios (cf. Rom 3, 21-24), de la amistad de Dios y esclavos del pecado (cf. Rom 6, 20). Y que nadie podía ser justificado ni entrar en comunión con Dios sino por la gracia de Jesucristo.

«Lo que la revelación divina nos dice coincide con la experiencia. El hombre, en efecto, cuando examina su corazón, comprueba su inclinación al mal y se siente anegado por muchos males [...] Toda la vida humana, la individual y la colectiva, se presenta como una lucha, y por cierto dramática, entre el bien y el mal, entre la luz y las tinieblas. Más todavía, el hombre se nota incapaz de domeñar con eficacia por sí solo los ataques del mal, hasta el punto de sentirse como aherrojado entre cadenas»[6].

Podemos entender mejor esta realidad si nos damos cuenta de que el pecado lleva consigo la privación de la gracia sobrenatural junto con el alejamiento de la voluntad humana respecto a la de Dios. Y únicamente Dios puede conceder de nuevo la gracia que borra el pecado en el hombre (cf. Mc 2, 5-12), convirtiendo el corazón humano al amor divino y volviendo a darle la vida sobrenatural de la gracia. No está en nuestras manos alcanzar la vida de Dios, si Él mismo no nos la concede y comunica.

b) La salvación del hombre es obra del amor y de la misericordia de Dios

Ya sabemos que la única causa o motivo del querer divino es su bondad. Así pues, Dios Padre, movido por su amor benevolente y su infinita misericordia, decidió salvar al hombre mediante el envío de su Hijo al mundo: «Cuando se manifestó la bondad de Dios nuestro Salvador y su amor a los hombres, nos salvó, no por las obras de justicia que hubiésemos hecho nosotros, sino por su misericordia [...] por medio de Jesucristo nuestro Salvador, para que, justificados por su gracia, fuésemos constituidos herederos de la vida eterna que esperamos» (Tit 3, 4-7).

«En esto consiste el amor: no en que nosotros hayamos amado a Dios, sino en que Él nos amó y nos envió a su Hijo como propiciación por nuestros pecados» (1 Jn 4, 10). La salvación de los hombres es fruto de la misericordia divina, esto es, de un

---

[6] Conc. Vaticano II, *Gaudium et spes* (GS), 13; cf. CEC, 661; cf. *Ad gentes* (AG), 8: «Ninguno, por sí mismo y con sus propias fuerzas, alcanza a liberarse del pecado y elevarse hacia lo alto; nadie se libra totalmente de su debilidad, [...] de su esclavitud».

amor de Dios que es mayor que nuestros pecados y que busca remediar la miseria de la humanidad.

c) Dios decidió libremente salvar al hombre mediante la encarnación de su Hijo

Dios, movido por su amor misericordioso hacia nosotros, ha querido hacernos partícipes de su amor y felicidad y ha determinado salvarnos mediante la encarnación de su Hijo. Esta decisión del beneplácito de la voluntad divina es absolutamente libre, no está exigida por nada, pues Dios es siempre Señor de todo y no puede tener ningún tipo de necesidad o de condicionamiento en su actuar.

La venida del Hijo de Dios al mundo no era necesaria para la salvación del hombre puesto que Dios nos podía haber salvado de muchas otras maneras. Por ejemplo, nos podría haber liberado de los pecados infundiendo directamente su gracia en los hombres sin que mediara la encarnación.

Pero ha elegido este medio —la encarnación de su Hijo— que nos aporta más beneficios y es la demostración por excelencia de la misericordia de Dios hacia los hombres: «En esto se manifestó el amor de Dios: en que Dios envió a su Hijo Unigénito al mundo para que recibiésemos por Él la vida» (1 Jn 4, 9). En el designio divino todo es amor, todo es don, todo es regalo, todo es gratuidad. La iniciativa es de Dios Padre; y, siguiendo la compasiva disposición del Padre, el Hijo de Dios se abaja y viene a este mundo para sanar nuestra enfermedad, para iluminar nuestra ceguera, para liberarnos de la esclavitud, para darnos la vida. «Tanto amó Dios al mundo que le dio a su Hijo Unigénito para que todo el que cree en Él no perezca, sino que tenga vida eterna» (Jn 3, 16).

3. El nombre de «Jesús»

El nombre de Jesús quiere decir en hebreo «Dios salva» o «Salvador». Dios mismo se lo impuso a su Hijo hecho hombre como nombre propio: así se lo anunció por medio de un ángel a María (cf. Lc 1, 31), después a José (cf. Mt 1, 20-21), y más adelante a los pastores de las proximidades de Belén (cf. Lc 2, 11). Este nombre expresa a la vez su identidad y su misión: Él es Dios y Él «salvará a su pueblo de sus pecados» (Mt 1, 21).

Sabemos que el título de «Salvador» se dio en la antigüedad a dioses paganos y a reyes o emperadores. En cambio, en la Biblia siempre se atribuye a Dios que salva a su pueblo de la esclavitud de Egipto, lo libera de la cautividad de Babilonia y de otros males.

Pero también hemos de decir que no era raro poner el nombre de Jesús a los israelitas, como vemos en el caso de Josué o en el caso de Jesús el hijo de Sirah, que fue el compilador del libro del Eclesiástico (o Sirácida), y otros más. Este nombre, sin embargo, no poseyó nunca la plenitud de significado que tuvo en Jesús de Nazaret, pues Él ha traído la libertad definitiva del dominio del pecado y de la muerte, y la salvación eterna, a todos los hombres de todos los tiempos. «No hay bajo el cielo otro nombre dado a los hombres por el que podamos salvarnos» (Hch 4, 12).

Este es el nombre que llena de esperanza a los hombres de todos los tiempos; que llena de dulzura el pensamiento y de alegría el corazón de cada uno de los mortales. «El nombre de Jesús está en el corazón de la plegaria cristiana. Todas las oraciones litúrgicas se acaban con la fórmula '*Per Dominum Nostrum Iesum Christum...*' ('Por Nuestro Señor Jesucristo...') [...] Numerosos cristianos mueren, como santa Juana de Arco, teniendo en sus labios una única palabra: 'Jesús'» (CEC, 435).

4. Anuncio de la venida del Salvador, el Mesías esperado

Como nadie podía salvarse después del pecado original sino por la fe en Jesucristo, Dios anunció su venida repetidas veces y la preparó de muchas formas desde el principio del mundo. Dios mismo se encargó de mantener y de reforzar esa esperanza del Salvador a través de la historia de la humanidad, a la vez que iba revelando y precisando distintos aspectos de la figura y de la vida del Mesías que había prometido.

a) *Promesas del Redentor*

El protoevangelio. Tras el pecado de nuestros primeros padres, Dios no abandonó a los hombres, sino que inmediatamente les dio la esperanza de la salvación. En efecto, Dios dirigió a la serpiente estas palabras: «Pondré enemistad entre ti y la mujer, y entre tu linaje y su linaje; él te pisará la cabeza, mientras tú acechas su calcañar» (Gen 3, 15). A este versículo del Génesis se le llama «*protoevangelio*», precisamente porque constituye el primer anuncio y promesa de la salvación.

El descendiente de la mujer que vencerá al demonio es el Redentor, Jesucristo. La mujer de la que se habla es Eva en su sentido inmediato, y María en sentido pleno.

La promesa a Abraham. Dios hizo una alianza con Abraham y le hizo la promesa de darle no solo una tierra, sino de hacerle padre de un gran pueblo, y que por su descendencia serían bendecidas todas las naciones de la tierra (cf. Gen 12, 3).

Dios renovó varias veces a Abraham estas promesas[7], que representan un anuncio de la salvación universal por medio de un descendiente suyo, que será Jesús.

_____

[7] Cf. Gen 13, 14-17; 17, 1-9; 18, 17-19; 22, 13-18.

Confirmación y renovación de la promesa. Dios renovó esa promesa con distintos elegidos y fue concretando la ascendencia del Mesías: no solo será descendiente de Abraham, sino más en concreto de Jacob (cf. Gen 28, 12-14), y más específicamente de la tribu de Judá (cf. Gen 49, 9-11), y más concretamente aún de la familia de David (cf. 2 Sam 7, 8-16).

b) Profecías sobre el Mesías rey

El hijo de David. El profeta Natán, en nombre de Dios, promete a David que el Salvador esperado desde los tiempos más antiguos será un descendiente suyo. Y reinará para siempre, no solo sobre Israel, sino sobre todos los pueblos (cf. 2 Sam 7, 12-16).

En la Biblia se aplica frecuentemente a David el título de «ungido del Señor» (en hebreo, *mashiah*; mesías); él será tipo o figura del rey ungido por excelencia en el que se cumplirá plenamente la promesa divina: este será «*el Mesías*», hijo de David y rey de Israel, cuyo reino no tendrá fin, y establecerá un reinado universal de paz, justicia y conocimiento de Dios.

Son muchas las profecías del Antiguo Testamento sobre el Mesías-rey, hijo de David. Destaquemos solo dos por los particulares aspectos que señalan:

Especial filiación divina del Mesías rey: Salmo 2. Este salmo mesiánico describe la rebelión de las naciones contra Dios y contra su Mesías. Dios, por el contrario, se ríe de sus enemigos y anuncia que ha constituido al Mesías como rey sobre Sión. Este Mesías-rey promulga el decreto de *Yahveh* que encierra una declaración de una especial filiación divina: «Tú eres mi hijo, yo hoy te he engendrado. Pídeme y te daré a las gentes por heredad, y extenderé tus posesiones hasta los confines de la tierra».

El Mesías rey se llamará Emmanuel —Dios con nosotros— y nacerá de una virgen. Isaías nos transmite una serie de profecías entre los capítulos 7 y 11 de su libro, que se conocen como el «libro del Emmanuel». Allí se dice que el Mesías-rey nacerá de una virgen y se llamará Emmanuel (cf. Is 7, 14), que significa «Dios con nosotros». Será grande y tendrá de modo eminente las virtudes de todos los grandes personajes de su linaje. Se llamará también Dios Fuerte y Príncipe de la paz (cf. Is 9, 5-6). Este descendiente de David estará lleno del espíritu de Dios y hará que reine entre los hombres la justicia (cf. Is 11, 1ss.). En el Nuevo Testamento es manifiesto que se trata de Jesús que nacerá de María Virgen (cf. Mt 1, 22-23).

5. Otras profecías acerca de Jesús

Hay otras muchas profecías que se refieren a la persona y a la obra de Cristo. Teniendo solo en cuenta el Antiguo Testamento resultaría difícil interpretar algunas de ellas como referidas claramente al Mesías hijo de David, pero a la luz del Nuevo Testamento es transparente su significación mesiánica. Veamos solo algunas de ellas.

a) Profecías sobre el Mesías rey y profeta

Moisés siempre fue como el tipo y la figura de todos los profetas: él hablaba con Dios «cara a cara» (Ex 33, 11) y transmitía a su pueblo las palabras y los mandamientos de *Yahveh*. Pues bien, ya desde antiguo se anunció que Dios enviaría «otro profeta» como Moisés que enseñará y guiará a su pueblo con las palabras de Dios (cf. Dt 18, 15-19).

En algunas ocasiones la Biblia anuncia un Mesías que será rey y profeta a la vez, a semejanza de David, que tuvo ambas prerrogativas: el Mesías será rey descendiente de David y será ungido por Dios con el espíritu de los profetas para anunciar la salvación a los hombres (cf. Is 61, 1-3). El Nuevo Testamento enseña que este Mesías rey y profeta es Jesús (cf. Lc 4, 18-21)[8].

b) Profecías sobre el Mesías rey y sacerdote

Salmo 110/109, 1-4: «Oráculo de *Yahveh* a mi Señor: Siéntate a mi diestra, hasta que yo haga de tus enemigos el estrado de tus pies [...] 'Tú eres por siempre sacerdote, según el orden de Melquisedec'».

En este salmo se anuncia un Mesías —que siendo hijo de David— es sin embargo superior a él y, a la vez, será sacerdote del Altísimo. Esta unidad de rey y sacerdote tiene como un prototipo en Melquisedec, rey de Salem, misterioso contemporáneo de Abraham (cf. Gen 14, 17-20). El Mesías será rey y sacerdote; rey de la tribu de Judá y de la familia de David; y sacerdote, pero no de la tribu de Leví ni de la familia de Aarón, sino que se trata de un sacerdocio distinto, misterioso y superior. El Nuevo Testamento enseña que este Mesías rey y sacerdote es Jesús (cf. Heb 6, 20-7, 28).

c) Profecías sobre el sacrificio de Cristo

Cantos sobre el Siervo de Yahveh. En el libro del profeta Isaías se encuentran cuatro cantos sobre la misión redentora del Mesías, que es llamado «Siervo de *Yahveh*»[9].

El Siervo es un elegido de Dios y objeto de su complacencia. Él va a ser rey de justicia, y su reinado será universal. Será luz de

---

[8] Sin embargo, muchos judíos no entendieron la unión rey-profeta y esperaban a ese «profeta» excepcional y al Mesías, como dos personas distintas (cf. Jn 1, 20-21.25; 7, 40-41).

[9] Son: Is 42, 1-9; 49, 1-6; 50, 4-9; 52, 13-15. 53, 1-10.

los gentiles y reconciliador de los pueblos. Dios lo ha elegido desde el seno materno para hacer volver a los hijos de Israel y para llevar la salvación hasta los confines de la tierra. Sin embargo, el Siervo sufrirá la oposición y persecución por parte de su mismo pueblo, aun siendo inocente. Isaías narra el sufrimiento y la muerte del Siervo, ofrecido como sacrificio para la redención de todos. De tal manera muestra Isaías este sacrificio del Siervo de *Yahveh*, que refleja de modo exacto y asombroso la pasión y muerte de Jesús (cf. Hch 8, 32-33).

Salmo 22/21. Este salmo mesiánico narra cómo el justo, perseguido por muchos enemigos y en medio de un gran sufrimiento, recurre lleno de confianza a Dios. No se trata del grito de angustia de un desesperado, sino la oración confiada del que se abandona en las manos de Dios, y es escuchado. Termina con el advenimiento del reino de Dios al mundo, la salvación universal, como fruto de los sufrimientos del justo que intercede para que vuelvan a *Yahveh* todas las familias de las naciones. Comienza con: «Dios mío, Dios mío, ¿por qué me has abandonado?» que recitó el Señor en la cruz, y narra por anticipado muchos hechos concretos acontecidos en la pasión de Cristo.

6. El nombre de «Cristo»

El nombre de «Mesías» proviene del hebreo *mashiah*, que significa «ungido». Este título fue traducido al griego por *christós*, y latinizado en *christus*.

Originalmente se aplicaba al rey de Israel, en alusión a la ceremonia de investidura en la que era ungido con aceite[10]. Especialmente el título de «ungido» se aplicó a David y a sus descen-

---

[10] Cf. 1 Sam 9, 16; 10, 1; 16, 1.12-13; 1 Re 1, 39.

dientes, y pasó a convertirse en el nombre del Mesías, del Cristo, del Ungido, que será el rey descendiente de David, el ungido por excelencia e instrumento de Dios para extender su reino a todas las naciones, que será un reino de justicia y de paz universales.

Después este nombre se aplicó también a otros «ungidos» de Dios: a los sacerdotes, hijos de Aarón (cf. Ex 29, 4-7; Lv 8, 12), y más rara vez a los profetas (cf. 1 Re 19, 16). Sin embargo, los judíos en tiempo de Jesús pensaban que el Mesías sería era el prometido rey de Israel, descendiente de David, y no lo imaginaban también como sacerdote o profeta.

Efectivamente Jesús es el Mesías, el Cristo, el hijo de David, pero de un orden distinto y superior al que esperaban los judíos. Fue ungido no con ungüento terreno sino con óleo espiritual (cf. Sal 45/44, 8), con la plenitud de la gracia y dones del Espíritu divino. Él es el «Cristo», el rey que reinará en la casa de Jacob con un reinado que no tendrá fin, y será ungido por el Espíritu Santo (cf. Lc 1, 35).

Así, lo reconocen como «el Hijo de David» el ciego Bartimeo (cf. Mc 10, 46-47), muchos judíos que lo aclaman con ramos en su entrada a Jerusalén (cf. Mt 21, 8-11, y par.), y otros muchos. Él mismo se reconoce como «Mesías» ante el sanedrín, respondiendo a la pregunta directa del sumo sacerdote (cf. Mt 26, 63-64, y par.). Y Pedro el día de Pentecostés enseña con fuerza que Jesús es el Mesías anunciado (cf. Hch 3, 18).

El nombre de Cristo, Mesías, pasa a ser nombre propio de Jesús porque Él cumple de modo eminente y perfecto la misión divina que esa palabra significa. El Mesías que Dios enviaría para instaurar definitivamente su reino «debía ser ungido por el Espíritu del Señor (cf. Is 11, 2) a la vez como rey y sacerdote (cf. Za 4, 14; 6, 13) pero también como profeta (cf. Is 61, 1-3). Jesús cumplió la esperanza mesiánica de Israel en su triple función de rey, sacerdote y profeta» (CEC, 436). Él reúne en sí los distintos aspectos del Mesías anunciado, que muchas veces los judíos no sabían compaginar; y en Él se muestra el auténtico sentido de todos ellos.

7. Cristo es el centro de la historia humana

a) Las genealogías de Jesucristo y la historia humana

El Evangelio según san Mateo comienza, conforme a la costumbre hebrea, con la genealogía de José y nos la transmite partiendo de Abraham (cf. Mt 1, 2-17). A Mateo le interesa poner de relieve, mediante la paternidad legal de José, que Jesús desciende de Abraham y de David; más en concreto, que era el Mesías anunciado por los profetas, la esperanza de Israel y el que da sentido a toda la historia del pueblo de Dios.

San Lucas, en cambio, escribió para los cristianos procedentes de los gentiles, y quiere destacar la universalidad de la redención de Cristo. Lucas en su Evangelio muestra la genealogía de Jesús de modo ascendente (cf. Lc 3, 23-38): desde Jesús a través de sus antepasados, pasando por Abraham, se remonta hasta Adán, padre de todos los hombres, tanto judíos como gentiles. El evangelista ha querido mostrar la vinculación de Jesús con todo el género humano: Cristo es el Nuevo Adán, el nuevo principio del linaje humano y el Salvador de todos los hombres.

b) La encarnación da sentido a toda la historia

«Cuando llegó la plenitud de los tiempos envió Dios a su Hijo, nacido de mujer» (Gal 4, 4). La encarnación tuvo lugar en la plenitud de los tiempos, esto es en el tiempo oportuno según los planes de Dios.

El monje Dionisio el Exiguo (siglo VI) se propuso poner el nacimiento de Cristo como centro de la historia de la humanidad y, con los datos históricos de que disponía, la dató en el año 753 de la fundación de Roma, y estableció esa fecha como comienzo de la era cristiana. Hoy se admite que se equivocó en su cómputo, y se piensa que Jesús debió nacer aproximadamente en el año 748 de la fundación de Roma, equivalente al 6 antes de la era cristiana. Este fue el momento más importante de la historia: Dios eterno entra en la historia humana para salvarnos.

El planteamiento de Dionisio el Exiguo, que refleja de algún modo lo que nos sugieren las genealogías de Cristo, tiene un gran sentido teológico: «Cree la Iglesia que la clave, el centro y el fin de toda la historia humana se halla en su Señor y maestro» (GS, 10). Cristo es ciertamente el centro de la historia humana, no en el sentido cronológico, sino cualitativo: Él es «el alfa y la omega, el primero y el último, el principio y el fin» (Ap 22, 13). En Él encuentran los hombres la fuente de la vida sobrenatural, y también su sentido y meta última, que es la vida eterna, la salvación.

Capítulo 3
LA REALIDAD DE LA ENCARNACIÓN DEL HIJO DE DIOS

1. La venida del Hijo de Dios al mundo, concebido de santa María Virgen

a) La anunciación a María y la concepción de Jesús

En el admirable plan de la donación que Dios hace de sí mismo a la criatura, la encarnación es el acontecimiento central y culminante. Y María ha sido la colaboradora, con su fe y con su amor, de la unión del Hijo de Dios con la humanidad.

San Lucas describe ese momento trascendental: El ángel Gabriel enviado de parte de Dios comunica a María el plan divino: «Concebirás en tu seno y darás a luz un hijo, a quien pondrás por nombre Jesús. Él será grande y llamado Hijo del Altísimo [...] El Espíritu Santo vendrá sobre ti, y la virtud del Altísimo te cubrirá con su sombra, y por eso el hijo engendrado será Santo, será llamado Hijo de Dios» (Lc 1, 30-35). María, llena de fe y de confianza en Dios, da su rendido y alegre consentimiento a la disposición divina: «He aquí a la esclava del Señor; hágase en mí según tu palabra» (Lc 1, 38).

«Y el Verbo se hizo carne y habitó entre nosotros» (Jn 1, 14). El misterio de la unión, de los esponsales, entre el Hijo de Dios y la humanidad, se realiza en el instante en que María pronunció su sí a Dios «en nombre de toda la naturaleza humana»[1]. Y ella concibió como hombre al Hijo eterno del Padre, que se ha hecho realmente hijo suyo.

b) La encarnación es obra del Espíritu Santo

La sagrada Escritura deja muy claro que Jesucristo no fue concebido por obra de varón, como los demás hombres, sino únicamente por obra del Espíritu Santo, permaneciendo su Madre siempre virgen[2]. Y así lo ha confesado la Iglesia desde los primeros testimonios de la Tradición y las primeras formulaciones de la fe.

El «poder del Altísimo» (Lc 1, 35), por el que se llevó a cabo la encarnación, es el poder infinito del único Dios. Así pues, la encarnación del Hijo de Dios es obra de la Trinidad. Sin embargo, la concepción milagrosa de Cristo se apropia al Espíritu Santo, que allí intervino junto con el Padre y el Hijo: «Lo concebido en ella viene del Espíritu Santo» (Mt 1, 20). Y es que la revelación atribuye al Espíritu Santo las obras que manifiestan especialmente el amor y el poder divinos, y en particular se le atribuye el misterio de la encarnación del Hijo de Dios en María Santísima.

Sin embargo, como la filiación es la relación de una persona respecto a la que la engendró, Cristo —que es el Hijo de Dios, la segunda persona de la Trinidad, engendrado *ab aeterno*— no es, ni se puede llamar, hijo del Espíritu Santo, ni de la Trinidad, sino solamente de Dios Padre.

---

[1] *S. Th.* III, q.30, a.1.
[2] Cf. Mt 1, 18-25; Lc 1, 34-38.

c) *María es la Madre de Dios*

María, escogida por Dios Padre desde toda la eternidad para ser la Madre de su Hijo, al consentir y aceptar la voluntad divina, fue hecha realmente la Madre de Dios. «En efecto, aquel que ella concibió como hombre, por obra del Espíritu Santo, y que se ha hecho verdaderamente su hijo según la carne, no es otro que el Hijo eterno del Padre, la segunda persona de la Santísima Trinidad. La Iglesia confiesa que María es verdaderamente Madre de Dios ['*Theotokos*'] (cf. DS, 251)» (CEC, 495).

Por eso, bajo el impulso e inspiración del Espíritu Santo, es llamada «la madre del Señor» desde la concepción de Jesús, aun antes del nacimiento de su Hijo (cf. Lc 1, 43).

d) *«El Verbo se hizo carne»: la encarnación*

«El Verbo se hizo carne» (Jn 1, 14), dice san Juan en el prólogo de su Evangelio, significando por «carne» al hombre entero, connotando lo más visible y lo más humilde del ser humano, en contraste con la excelencia del Verbo.

Tomando esa frase del evangelista, la Iglesia llama «*encarnación*» al hecho de que el Hijo de Dios haya asumido una naturaleza humana íntegra para llevar a cabo, mediante ella, nuestra salvación. Este acontecimiento único y totalmente singular consiste en que el Hijo de Dios se hizo verdaderamente hombre sin dejar de ser Dios.

Tan esencial es este misterio que «la fe en la verdadera encarnación del Hijo de Dios es *el signo distintivo de la fe cristiana*» (CEC, 463); misterio que la Iglesia debió defender y aclarar especialmente durante los primeros siglos frente a las herejías que lo falseaban.

2. Jesucristo es perfecto hombre

a) La realidad del cuerpo de Cristo. La herejía del docetismo gnóstico

El gnosticismo es una amalgama de doctrinas místicas orientales, de tipo filosófico (sobre todo platónicas) y cosmogónico, que tuvo una rápida propagación en los primeros siglos de nuestra era. Una de sus variantes cristianas, *el docetismo*, es una doctrina aparecida ya en el siglo I que considera que la materia es mala y, en consecuencia, niega que Cristo tuviera un verdadero cuerpo material, de carne humana, pues sería indigno de Dios: el cuerpo de Cristo sería solo aparente. Por tanto, su nacimiento o su pasión y muerte no fueron reales sino solo ficticios e irreales.

Sin embargo, la sagrada Escritura testimonia claramente que Cristo fue hombre verdadero, con un cuerpo real: es descendiente de David, fue concebido de la Virgen María, nació, creció, se cansó, tuvo hambre y sed, durmió, sufrió, derramó su sangre, murió, fue sepultado, etc. Su cuerpo no era fantasmagórico, sino material, de carne y hueso, era real y tangible, incluso después de la resurrección (cf. Lc 24, 39-40; 1 Jn 1, 1-3).

Ya desde la misma época apostólica la fe cristiana insistió en la verdadera encarnación del Hijo de Dios frente a estas herejías[3], que fueron refutadas por los Padres y escritores eclesiásticos de los primeros siglos, como san Ignacio de Antioquía, san Ireneo y otros. Estos escritores no solo mostraron la verdad del cuerpo de Cristo con la sagrada Escritura en la mano, sino que argumentaron también que negar la realidad del cuerpo de Cristo es negar la realidad de la redención obrada por el Señor.

---

[3] Cf. 1 Jn 4, 2-3; 2 Jn 7.

b) *La realidad del alma de Cristo. La herejía del apolinarismo*

Apolinar de Laodicea (siglo IV) sostuvo que el Verbo no habría asumido una humanidad completa, pues dos seres íntegros (Dios y hombre) no podrían hacerse realmente uno. La humanidad de Cristo estaría compuesta solamente de carne vivificada por un alma sensitiva-animal. En esta naturaleza el Verbo asumiría la función del alma intelectiva y racional.

Sin embargo, la sagrada Escritura testimonia claramente que Cristo fue perfecto hombre con un alma humana racional verdadera: se alegró, se entristeció, se conmovió, tuvo afectos, era totalmente libre, obedeció, era humilde, veraz, generoso y misericordioso, etc. En fin, Jesús tenía todas las virtudes y cualidades del alma humana.

El error de Apolinar fue refutado por san Gregorio de Nisa y otros Padres de la Iglesia que insistieron en la perfecta humanidad de Cristo: Jesús no sería perfecto hombre si careciera de alma humana, si no tuviera una inteligencia y voluntad humanas. De otra manera no habría redimido al linaje humano, pues «no fue sanado lo que no fue asumido», y Cristo sanó a todo el hombre: cuerpo y alma.

El apolinarismo fue condenado por el Papa san Dámaso y posteriormente por el concilio I de Constantinopla (año 381)[4]. Desde entonces el Magisterio de la Iglesia ha enseñado siempre que Nuestro Señor es «perfecto Dios y perfecto hombre: que subsiste con alma racional y carne humana»[5].

---

[4] Cf. CONC. I DE CONSTANTINOPLA, DS, 149.
[5] Símbolo *Quicumque*, DS, 76.

c) *Cristo tuvo una verdadera naturaleza humana,*
   compuesta de alma y cuerpo

Muchas veces Jesús se designa a sí mismo como «hombre» (cf. Jn 8, 40), e igualmente en el Nuevo Testamento se le nombra de esta manera (cf. 1 Cor 15, 21; 1 Tim 2, 5), es decir, como alguien que tiene propiamente la naturaleza humana. Y la Tradición y el Magisterio de la Iglesia han insistido en que Él era verdadero hombre, consubstancial con nosotros; «semejante a nosotros en todo, salvo en el pecado» (Heb 4, 15).

Hemos de tener presente que la naturaleza humana está compuesta por la unión substancial de cuerpo y alma; de modo que, si no se diera esta composición, Cristo no sería verdaderamente hombre; ni su cuerpo sería humano, pues el alma es el principio que da la vida y la especie a la materia. Así pues, Jesús tuvo una verdadera naturaleza humana, compuesta por la unión del alma y del cuerpo[6]. Fue, y es, verdadera y realmente hombre.

d) *La denominación de «Hijo del hombre» en boca de Jesús*

El título «Hijo del hombre» procede del Antiguo Testamento, en concreto del libro del profeta Daniel (cf. Dan 7, 13-14). Designa a una persona misteriosa que viene sobre las nubes del cielo con figura de hombre y vence a los poderes adversos de Dios, y al cual se le da el reino definitivo sobre todas las naciones.

Este título expresa principalmente una idea de exaltación y glorificación: la ascensión al cielo del «Hijo del hombre», de donde había venido y donde estaba antes[7].

---

[6] Cf. Conc. Viennense, DS, 900; 902; *S. Th.* III, q.2, a.5.
[7] Cf. Jn 3, 13; 6, 62; 12, 22ss.

Sin embargo, la expresión «hijo de hombre» en la época de Jesús indicaba simplemente «hombre»[8]. Por eso Jesús, al referirse a sí mismo como Hijo del hombre, intentaba esconder tras ese significado ordinario la acepción mesiánica que tenía en la profecía de Daniel, porque no quería sugerir que era el Mesías tal como lo esperaban los judíos, un Mesías político.

Y a la vez, quiso corregir la concepción exclusivamente triunfal y gloriosa del Mesías rey, muy arraigada en el pensamiento hebreo, al unirla a su condición humana y pasible, pues también anuncia que ese «Hijo del hombre» tiene que padecer y dar su vida como rescate por todos (cf. Mt 17, 12; 20, 28).

3. Jesucristo es perfecto Dios

Jesús quiso ir revelando su divinidad de modo progresivo, pues esta verdad resultaba muy difícil de admitir para una mentalidad como la judía enraizada en un rígido monoteísmo, de un Dios absolutamente trascendente y espiritual. Primeramente fue preparando los ánimos para esa revelación con sus obras y milagros, y después gradualmente fue manifestando su condición divina.

El hecho es que al final de su vida terrena quedó patente que se proclamaba Hijo de Dios, y Dios. Por eso, algunos judíos lo acusaron de ser «un hombre que se hace Dios» (Jn 10, 33), y lo juzgaron como blasfemo. También en la actualidad muchos no admiten que Jesús sea Dios, el Hijo de Dios hecho hombre.

Ahora, al hilo de algunos errores pretéritos, veremos la fe de la Iglesia y estudiaremos algunos textos de la Escritura sobre este punto.

---

[8] Cf. Sal 8, 5; Gen 11, 5.

a) Las herejías del adopcionismo y del arrianismo, y el concilio de Nicea

El adopcionismo. Pablo de Samosata, obispo de Antioquía de Siria (siglo III), entre otros, sostenía que Cristo no era una persona divina, sino un hombre en el que Dios infundió un poder sobrenatural para hacer milagros, y lo adoptó como Hijo en el bautismo del Jordán. Jesús tendría una participación especial en el poder del Padre y se asemejaría en esto a Él, pero no sería Hijo de Dios por naturaleza, sino solo por adopción.

Pablo de Samosata fue condenado y depuesto de su cargo en el año 268.

El arrianismo. Hubo quienes interpretaron algunos textos de la Escritura como si existiera una inferioridad y subordinación del Hijo respecto al Padre; p. ej., las palabras de Jesús: «El Padre es mayor que yo» (Jn 14, 28), que claramente se refieren a su humanidad.

Además, en los ambientes filosóficos griegos, sobre todo neoplatónicos, se entendía que Dios es absolutamente trascendente al mundo y su esencia no puede entrar en contacto con él; por eso necesitaría de un ser inferior para actuar en el mundo. De ahí que algunos afirmaran que el Verbo era ese ser intermedio, inferior Dios y subordinado a Él.

Arrio, presbítero de Alejandría (siglos III-IV), es el representante más extremo de esas doctrinas subordinacionistas, y sostenía que el Hijo no ha sido engendrado desde la eternidad, sino creado por libre voluntad del Padre. No es de la misma substancia del Padre, sino que es inferior a Dios. Arrio concedía que el Verbo fuera la primera criatura del Padre y la más perfecta, a través del cual se hicieron las demás cosas, pero no es Dios.

El arrianismo, fue refutado principalmente por san Atanasio. Fue condenado varias veces, y finalmente en el concilio de Nicea en el año 325.

El concilio de Nicea (año 325). Este concilio confesó en el Credo que compuso: «Creo en un solo Señor, Jesucristo, Hijo único de Dios, nacido del Padre antes de todos los siglos: Dios de Dios, Luz de Luz, Dios verdadero de Dios verdadero, engendrado, no creado, de la misma naturaleza [*homoousios*] del Padre, por quien todo fue hecho».

En ese texto se afirma que el Hijo de Dios es eterno; se insiste en su verdadera divinidad; y define, como punto cardinal, la consustancialidad del Hijo con el Padre. Este término «*homoousios*» («de la misma naturaleza»), aunque es filosófico, expresa el sentido auténtico de la doctrina del Nuevo Testamento sobre Cristo. También afirma que es el mismo Verbo quien se encarnó, se hizo hombre, sufrió, murió y resucitó al tercer día.

Este concilio, como hemos dicho, condenó explícitamente a Arrio[9].

El posterior Magisterio de la Iglesia. A partir de esas controversias cristológicas, el Magisterio de la Iglesia enseñó siempre, de modo invariable, que «nuestro Señor Jesucristo, Hijo de Dios, es Dios y hombre. Es Dios, engendrado de la misma substancia que el Padre, antes del tiempo; y hombre, engendrado de la substancia de su Madre en el tiempo. Perfecto Dios y perfecto hombre; que subsiste con alma racional y carne humana. Es igual al Padre según la divinidad; menor que el Padre según la humanidad»[10].

b) Errores modernos sobre la divinidad de Jesucristo

En la Introducción hemos resumido el error de los que niegan que el Jesús de la historia sea Dios; según ellos esta doctrina

---

[9] Cf. Conc. de Nicea, DS, 126; 130.
[10] Símbolo *Quicumque*, DS, 76.

habría sido una creación de la fe cristiana post-pascual, que se reflejó después en la redacción de los Evangelios. Este error de origen protestante pasó al campo católico con el *modernismo* y fue condenado por san Pío X[11].

Actualmente también, aunque desde presupuestos filosóficos diversos, se difunden errores semejantes. Según estas opiniones —que veremos después— Cristo no sería una persona divina y eterna, sino un hombre que habría tenido una relación muy profunda con Dios. La Congregación para la Doctrina de la Fe, en 1972, condenó estas doctrinas[12].

c) *Testimonios de la sagrada Escritura sobre cualidades divinas de Jesús*

El Nuevo Testamento atribuye a Jesús una serie de prerrogativas que solo encuentran explicación si se admite que Él era Dios o al menos que pensaba y decía que lo era. Entre los numerosos testimonios de la Escritura sobre este punto, veamos algunos:

Jesús se atribuye una superioridad sobre la Ley y el Templo. Dice que es superior al Templo, sede de la gloria de Dios (cf. Mt 12, 6); y es señor del sábado, establecido por Dios para el culto divino (cf. Mt 12, 1-8).

Jesús se atribuye una superioridad sobre todas las criaturas: sobre los ángeles y sobre los hombres. Dice que es superior a los profetas y reyes: es más que Jonás y que Salomón (cf. Mt 12, 41-42).

Tiene poder para perdonar los pecados, poder exclusivo de Dios. Así lo manifiesta con el paralítico de Cafarnaúm (cf. Mt 9, 6) o en casa de Simón, el fariseo (cf. Lc 7, 48).

---

[11] Cf. DS, 3427ss.

[12] Cf. Congr. para la Doctrina de la Fe, Declaración *El misterio del Hijo de Dios.*

Se equipara con Dios tanto en la autoridad como en las exigencias para con Él. Se compara a Dios en cuanto legislador: «Habéis oído que se dijo a los antiguos... [Dios dijo en la Ley...] Pero Yo os digo...» (Mt 5, 21ss). Y asimismo en cuanto al poder de juzgar a los hombres (cf. Jn 5, 22).

Exige fe en su persona, igual que la fe en Dios (cf. Jn 14, 1). Exige un amor por encima de todo, más que al padre o a la madre (cf. Mt 10, 37). La aceptación de Jesús es requisito para la salvación (cf. Mt 10, 32-33); incluso pide que se entregue la vida por Él para salvarse (cf. Lc 17, 33).

d) Testimonios de la Escritura sobre su preexistencia al mundo

Él existe antes de todo, y es el creador y conservador del mundo. Jesús mismo dice: «Ahora, Padre, glorifícame cerca de ti mismo con la gloria que tuve junto a ti antes de que el mundo existiera» (Jn 17, 5). Y san Pablo: «es el primogénito de toda creación, porque en Él fueron creadas todas las cosas en los cielos y en la tierra [...] todo fue creado por Él y para Él; y existía con anterioridad a todo, y todo tiene en Él su consistencia» (Col 1, 15-17).

Él ha venido al mundo enviado por su Padre. Son numerosísimos los textos en los que aparece esta misión al mundo de parte de Dios Padre, para salvarnos y darnos la vida[13]. Él ha venido «del cielo» (Jn 3, 13), «de lo alto» (Jn 8, 23), «ha salido de Dios Padre» (cf. Jn 8, 42) y a Él «vuelve» después de su pasión y muerte (cf. Jn 13, 3).

---

[13] Cf. Gal 4, 4; Rom 8, 3; 1 Tim 3, 16; Jn 3, 16ss.; etc.

e) Testimonios de la Escritura sobre la igualdad de Jesús con el Padre

Jesús afirma su igualdad y su especialísima comunión con Dios Padre. «Si me conocierais a mí conoceríais también al Padre» (Jn 8, 19); «El Padre está en mí, y yo en el Padre» (Jn 10, 38; 14, 10); «El que me ha visto a mí ha visto al Padre» (Jn 14, 9).

Él es un solo y mismo Dios con el Padre. «El Padre y yo somos uno» (Jn 10, 30). Aquí Jesús se declara abiertamente Dios, como bien entienden los judíos.

f) Afirmaciones explícitas y directas de la divinidad de Jesucristo

En el Nuevo Testamento ordinariamente el nombre de «Dios» se dirige al Padre, mientras que a Cristo se le da el título de «Hijo de Dios». Sin embargo, existen otros pasajes en los que directamente se le denomina «Dios». Ciertamente que ha habido intentos de negar la autenticidad crítica de esos textos, o de interpretarlos de modo que se les quita todo valor histórico, considerándolos como fruto de una creencia tardía de los primeros cristianos. En la actualidad la mayoría de los exégetas admiten como indudables los siguientes[14]:

El Prólogo del Evangelio de san Juan: «En el principio existía el Verbo, y el Verbo estaba junto a Dios, y el Verbo era Dios» (Jn 1, 1). Aquí se afirma explícitamente que el Verbo es Dios, eterno y distinto del Padre. En los versículos siguientes se habla de su participación en la obra de la creación, de su venida al mundo para comunicarnos la filiación divina, se habla de su

---

[14] Cf. Hay otros, p. ej., Col 1, 15-20; Tit 2, 13; Heb 1, 1-4.8-9; 1 Jn 1, 1-2; etc.

encarnación. Él es el Unigénito de Dios que nos da a conocer al Padre.

Jn 20, 28: «Respondió Tomás y dijo: 'Señor mío y Dios mío'». El reconocimiento de Tomás, un judío monoteísta, llamando «Dios mío» a Jesús resucitado, es muy claro.

Rom 9, 5: «De los patriarcas según la carne desciende Cristo, el cual es sobre todas las cosas Dios bendito por los siglos». Es una afirmación de su verdadera humanidad y, a la vez, una confesión directa de su divinidad.

Flp 2, 5-8: Cristo «siendo de condición divina, no retuvo ávidamente el ser igual a Dios, sino que se anonadó a sí mismo tomando la condición de siervo, haciéndose semejante a los hombres y apareciendo en su porte como hombre; y se humilló a sí mismo, obedeciendo hasta la muerte y muerte de cruz». San Pablo nos habla de la humildad de Cristo que es Dios, y preexiste como Dios; el cual, al contrario que Adán que era un hombre que ambicionaba ser como Dios, Él se abajó tomando la forma o naturaleza de hombre, y mostrándose a través de ella. Este anonadamiento (*kénosis*) del Hijo de Dios no significa que dejó de ser Dios, sino que asumió una humanidad privada de gloria, sometida al sufrimiento y a la muerte. Cristo se manifestó en el mundo como simple hombre, y como un hombre humillado hasta el extremo.

4. El nombre de «Hijo de Dios» en la sagrada Escritura

a) El título de «hijo de Dios», en general

El Antiguo Testamento da el título de «hijo de Dios» a los ángeles (cf. Dt 32, 8), al pueblo elegido (cf. Ex 4, 22) y a sus reyes (cf. 2 Sam 7, 14). Significa entonces una filiación adoptiva, unas relaciones de una intimidad particular entre Dios y su criatura. Por eso, cuando al Mesías se le llama «hijo de Dios» (cf. Sal 2, 7) los judíos podían entender que le designaba como un simple hombre singularmente bendecido por Dios[15].

Semejantemente, los seguidores del racionalismo dicen que Cristo se puede llamar «hijo de Dios» en ese sentido general, pues en Él se desarrolló de forma singular la conciencia de la filiación divina y se dejó conducir ejemplarmente por el Espíritu divino; pero no es Hijo de Dios en sentido propio y ontológico. Veamos este punto.

b) Jesús es el Hijo único de Dios, de la misma naturaleza que el Padre

Es suficiente lo dicho sobre la preexistencia de Jesús, sobre su igualdad con el Padre, etc., para ver que Jesús cuando se declaraba Hijo de Dios significaba que era verdadero Dios nacido del Padre. Así lo entendían los que le escuchaban: «Por esto los judíos buscaban con más ahínco matarle, pues [...] decía que Dios era su Padre, haciéndose igual a Dios» (Jn 5, 17-18), y por eso lo condenaron como blasfemo (cf. Mt 26, 63-65).

Veamos ahora algunos ejemplos del Nuevo Testamento en los que la expresión «Hijo de Dios» manifiesta de modo claro el carácter nuevo y transcendente de su filiación divina:

Jesús distingue siempre su filiación al Padre de la filiación adoptiva de los demás hombres respecto a Dios. Cuando habla con los discípulos no dice jamás «nuestro Padre», incluyéndose Él junto con los discípulos, sino «vuestro Padre» o «mi Padre», salvo para ordenarles «*vosotros*, pues, orad así: Padre nuestro» (Mt 6, 9); y en ocasiones subrayó esta distinción: «Mi Padre y vuestro Padre» (Jn 20, 17).

Y en la parábola de los viñadores homicidas, refiriéndose clarísimamente a sí mismo y a la muerte que le esperaba, se com-

---

[15] Cf. CEC, 441.

para con el hijo único del dueño de la viña, y se distingue de todos los enviados anteriormente por el dueño, que eran simplemente siervos (cf. Mt 21, 33-46)[16].

Jesús es el Hijo único de Dios, el Unigénito del Padre. Él es el «hijo propio» del Padre (Rom 8, 3.32), el Hijo único de Dios, el Unigénito del Padre (cf. Jn 1, 18; 3, 16-18)[17].

Jesús es el Hijo que tiene una identidad de naturaleza con el Padre: «Nadie conoce al Hijo sino el Padre, ni nadie conoce al Padre sino el Hijo y aquel a quien el Hijo quiera revelarlo» (Mt 11, 25-27). Esta identidad de conocimiento infinito entre el Padre y el Hijo implica la identidad de naturaleza: Jesús es el Hijo que tiene la misma naturaleza de Dios Padre; Él no es hijo adoptivo de Dios, sino el Hijo de Dios por naturaleza.

---

[16] Esta misma distinción entre Jesús, el Hijo, y los demás siervos de Dios aparece en Heb 1, 1-3.

[17] Expresiones equivalentes a «hijo único» son: «el hijo amado» de Dios con que se le designa en el bautismo y en la transfiguración (cf. Mc 1, 11; Mc 9, 7) o el «hijo de su amor» (Col 1, 13). También es equivalente la expresión «el Hijo de Dios» (con artículo en el texto griego), como se ve en la confesión de Pedro (cf. Mt 16, 16) o la pregunta de Caifás ante el Sanedrín (cf. Mt 26, 63-64).

Capítulo 4

EL MISTERIO DE LA UNIDAD PERSONAL DE JESUCRISTO

Hasta ahora hemos visto que Jesús es verdadero Dios, engendrado por el Padre antes del tiempo; y que es verdadero hombre, engendrado de su madre María en el tiempo; consubstancial con el Padre según la divinidad y consubstancial con nosotros según la humanidad. Perfecto Dios y perfecto hombre.

Ahora tenemos que ver cómo se une lo divino y lo humano en Él. También aquí estudiaremos los principales problemas que históricamente se plantearon, y después daremos algunas explicaciones para clarificar los conceptos y poder entender un poco mejor este profundo misterio que siempre sobrepasa toda capacidad humana.

1. La unión de las dos naturalezas en la única persona de Jesucristo

a) La unidad de persona en Cristo.
La herejía nestoriana y el concilio de Éfeso

El nestorianismo. Nestorio, patriarca de Constantinopla (siglos IV-V), predicó que el título de *Theotokos* (Madre de Dios) no era aplicable a Santa María. Veía en Jesucristo una persona humana junto a la persona divina del Hijo de Dios, como dos personas distintas; la Virgen sería la madre de esa persona humana, de Cristo, pero no del Hijo de Dios.

Nestorio sostiene que la unión entre la naturaleza divina y la humana de Cristo no es según la *hypóstasis* (según la persona o sujeto subsistente), sino solo una unión moral entre dos sujetos (como un matrimonio). Por esta unión el Verbo comunicaría a la persona humana de Jesús su dignidad, a la vez que también existiría entre ellos una identidad de voluntad y de acción: el Verbo inhabitaría en Cristo y obraría milagros por medio de él. Pero rechaza que se puedan atribuir al Verbo las acciones y pasiones que según él son de Jesús, hombre: no se podría decir que el Hijo de Dios nació de María, ni que murió, etc.

Nestorio fue refutado sobre todo por san Cirilo de Alejandría, y condenado en el concilio de Éfeso.

El concilio de Éfeso (año 431). Frente a la herejía nestoriana, este concilio declaró que la humanidad de Cristo no tiene más sujeto que la persona divina del Hijo de Dios que ha asumido esa naturaleza humana y la ha hecho suya desde su concepción. Por eso María es con toda verdad «Madre de Dios, no porque el Verbo de Dios haya tomado de ella su naturaleza divina, sino porque de ella [...] nació el Verbo según la carne»[1].

Este concilio pone la fuerza de su enseñanza en la unión de las dos naturalezas de Jesucristo en un único sujeto personal, en la unión *según la hipóstasis*: se trata de una unión incomprensible pero real: el Verbo ha hecho en verdad suya la naturaleza humana, de tal manera que le pertenece realmente, no solo moralmente. El Verbo es el único sujeto de todos los actos divinos

---

[1] Conc. de Éfeso, DS, 251.

y humanos de Cristo, como enseña el símbolo de Nicea (el Hijo de Dios eterno, por el que se hicieron todas las cosas, es quien se encarnó de María Virgen, quien fue crucificado, sepultado, resucitó al tercer día, etc.).

La doctrina de la maternidad divina de Santa María, que confirmó este concilio ecuménico, es el reflejo de esta doctrina cristológica.

b) La dualidad de naturalezas. La herejía monofisita y el concilio de Calcedonia

El monofisismo. Eutiques, superior de un monasterio de Constantinopla (siglo V), afirmó que Cristo tiene una sola naturaleza compuesta de dos naturalezas distintas. Antes de la encarnación se podría hablar de dos naturalezas distintas, la divina y la humana; pero después de la encarnación en Cristo solo hay una[2]. Cristo se compone y procede *ex duabus naturis*, pero de hecho no subsiste *in duabus naturis*: tiene una sola naturaleza compuesta de las dos.

El Papa san León Magno y el concilio de Calcedonia condenaron esta doctrina.

El concilio de Calcedonia (año 451). El cuarto concilio ecuménico enseñó, contra el monofisismo, que: «Hay que confesar a un solo y mismo Hijo y Señor nuestro Jesucristo: perfecto en la divinidad, y perfecto en la humanidad; verdaderamente Dios y verdaderamente hombre [...] Se ha de reconocer a un solo y mismo Cristo Señor, Hijo único del Padre, en dos naturalezas (*in duabus naturis*), sin confusión, sin cambio, sin división, sin

---

[2] En griego «*fysis*» significa naturaleza. El término *monofisismo* proviene de «una naturaleza».

64

separación. La diferencia de naturalezas de ningún modo queda suprimida por su unión, sino que quedan a salvo las propiedades de cada una de las naturalezas y confluyen en un solo sujeto y en *una sola persona*»[3].

Las dos naturalezas se unen en Cristo sin confusión y sin cambio o transmutación en ellas: Dios es trascendente, permanece inmutable y no se convierte en criatura, en tanto que lo humano permanece humano y no se transforma en Dios. Jesucristo no es una mezcla intermedia de ambos modos de ser: en Él no se da una naturaleza compuesta de la divina y la humana, sino que es perfecto Dios y perfecto hombre. No se ha borrado en modo alguno la infinita diferencia y distancia entre el Creador y la criatura. Y, además, las dos naturalezas en Cristo se unen sin división y sin separación, con una unión profundísima y misteriosa, en la persona de Verbo.

La clave de la enseñanza del concilio de Calcedonia está en la distinción entre persona y naturaleza: en Cristo dos son las naturalezas y una la persona. Esta distinción no tiene su origen en la filosofía helénica, sino que, por el contrario, nace de la fe y trasciende por completo el pensamiento griego. Además, estos términos no están tomados en un sentido técnicamente filosófico, sino que se usan en el amplio significado corriente que distingue entre *quién* es uno (p. ej., Pedro: que expresa la persona individual), y *qué* es uno (p. ej., un hombre, un ser humano: que expresa la naturaleza o su modo de ser).

Los teólogos posteriores explicarán también que resultaría imposible la unión de la divinidad y de la humanidad en una única naturaleza mezcla de ambas, pues la divinidad es inmutable y absolutamente simple, y no puede dejar de ser lo que era y empezar a ser otra cosa, ni puede ser parte de una naturaleza compuesta.

---

[3] Conc. de Calcedonia, DS, 301-302.

Además, tal unión iría contra la fe, pues Cristo ya no sería Dios, y tampoco sería verdadero hombre, sino otra cosa[4].

2. Algunas explicaciones sobre el misterio de la unidad ontológica de Cristo

Hemos visto que la Tradición y el Magisterio de la Iglesia llaman a Jesucristo persona o hipóstasis, y emplean, en cambio, el término naturaleza para designar su divinidad y su humanidad. Es evidente que pretenden significar la unidad de Cristo en clave ontológica, con términos de significado objetivo y real. Procuremos conocer un poco más el significado de estos términos.

a) Explicación de algunas nociones relativas al dogma

Persona e hipóstasis. Una «hipóstasis» es un ser individual completo subsistente en sí mismo, independiente en su ser de otros individuos. Se llama también «persona» cuando se trata de los individuos más dignos en los que se verifica de modo más perfecto la noción de subsistir (ser por sí mismo): este es el caso de los seres racionales que son dueños de sus actos; p. ej.: este hombre, Pedro.

Boecio definió a la persona como *rationalis naturae individua substantia* (substancia individual de naturaleza racional), señalando así que es una realidad completa en su ser (*substantia*), individual y distinta respecto a las demás (*individua*), y que se caracteriza por ser racional o intelectual (*rationalis naturae*).

La persona es pues un individuo, íntegro e independiente en su ser, que se posee a sí mismo por el conocimiento y la liber-

---

[4] Cf. *S. Th.* III, q.2, a.1.

tad. Pero al afirmar que es individual e independiente en su ser no queremos decir que sea un ser cerrado en sí mismo, pues la persona solo se realiza perfectamente en la apertura y en la relación con los otros.

Naturaleza. «Naturaleza» es aquello que especifica y define lo que una cosa es; p. ej., la naturaleza de Pedro es ser hombre, ser de la especie humana, su humanidad. También significa el principio interno por el que ese sujeto actúa del modo que le es propio, es decir, la esencia (su modo de ser) en cuanto es el principio de las operaciones; p. ej., la naturaleza de Pedro es su condición humana con sus facultades propias por las que actúa como hombre racional y libre.

La distinción entre naturaleza y persona. La distinción entre una naturaleza y la propia persona que la posee es una distinción entre una parte y el todo, entre la parte que le da el modo de ser y el todo que existe realmente: p. ej., Pedro tiene realmente una naturaleza humana como algo propio, y, además, posee otros elementos individuales exclusivos de él, no comunes con otros hombres; Pedro es la persona, el todo, y la naturaleza es una parte de él que le especifica como hombre con las propiedades de la especie humana.

b) *La unión absolutamente singular y misteriosa de las dos naturalezas en Cristo es hipostática, en la persona*

Ya hemos visto que Cristo no es un ser con solo una unidad moral, extrínseca o accidental entre dos sujetos o individuos subsistentes, uno Dios y otro hombre, como sostenía Nestorio: Cristo es una persona, un solo individuo real y subsistente. Pero, por otro lado, esa unidad real y ontológica que afirmamos en Cristo no es una unidad de naturaleza: no existe en una sola naturaleza compuesta de la divina y la humana, como afirmaba Eutiques.

La unión de las dos naturalezas en Cristo es una *unión hipostática o en la persona*. Nuestro Señor «aunque es Dios y hombre, no constituye dos sujetos, sino un solo Cristo [...] uno absolutamente [...] en la unidad de la persona»[5]. El Hijo de Dios, al asumir la naturaleza humana de María Virgen, la hizo realmente suya, y empezó a ser hombre en el tiempo, sin dejar de ser el mismo que era desde la eternidad. De modo que, después de la encarnación, el Hijo de Dios subsiste en dos naturalezas: es Dios y también es hombre.

Esta unión es *completamente misteriosa*, no tiene semejanza con ninguna otra, y únicamente la conocemos por la fe. Los ejemplos que se han empleado en la catequesis para ilustrar este misterio son simples analogías que sirven solo en parte, pero que distan de él en otros aspectos. El símil más utilizado por la Tradición es la unión del alma y del cuerpo[6]: la unión de dos substancias forman en nuestro caso una sola persona, y en esto puede servir de ejemplo para la unión de la divinidad y la humanidad en Cristo. Pero esa comparación no sirve en otros aspectos: p. ej., en cuanto que el alma y el cuerpo son dos substancias incompletas, y este no es el caso de la divinidad ni de la humanidad de Cristo; ni tampoco en cuanto que de la unión de cuerpo y alma se constituye una sola naturaleza, y no sucede así en la unión de la divinidad y la humanidad en Cristo.

---

[5] Símbolo *Quicumque*, DS, 76.
[6] Cf. Símbolo *Quicumque*, DS, 76: «Como el alma racional y el cuerpo forman un solo hombre; así, Cristo es uno, siendo Dios y hombre».

c) La naturaleza humana de Cristo es íntegra y perfecta, pero no es una persona humana, ni es un sujeto distinto del Verbo

Ya hemos visto que el Hijo de Dios asumió una verdadera y perfecta naturaleza humana individual, compuesta de cuerpo y alma, y que Él es verdaderamente hombre.

Pero la naturaleza humana de Cristo, aunque es real, creada, individual y concreta, no es una hipóstasis o persona humana, pues no es un subsistente, no es un todo completo en sí mismo que exista independientemente de otro, ya que pertenece propiamente al Verbo que la ha asumido, y ha sido llevada de modo inefable a la unión del ser personal del Hijo de Dios que preexistía a la unión: «La humanidad de Cristo no tiene más sujeto que la persona divina del Hijo de Dios que la ha asumido y hecho suya desde su concepción» (CEC, 466)[7].

De modo que *el Hijo de Dios es el único subsistente, sujeto o persona, en su naturaleza divina y en su naturaleza humana.* Y afirmar que la humanidad de Cristo no es persona humana no significa disminuir o quitar algo de la verdadera y real índole humana de Jesús, ya que esa naturaleza es completa y perfecta, y no le falta nada que sea propio de ella. Y tampoco rebaja la condición y dignidad de su humanidad el hecho de no existir por sí misma y no constituir una persona humana, sino que, por el contrario, «la naturaleza humana es en Cristo más digna que en nosotros, porque en nuestro caso al existir por sí tiene su propia personalidad, sin embargo en Cristo existe en la persona del Verbo»[8].

---

[7] Por eso no son teológicamente correctas las expresiones que hacen de la humanidad de Cristo un sujeto o un término de una acción, tales como: «conocer, tratar, amar... la humanidad de Cristo». Aunque se entiende lo que se quiere decir, deberíamos indicar: «conocer, tratar, amar... a Jesús o a Cristo en cuanto hombre». El sujeto o el término de la acción es la persona.

[8] *S. Th.* III, q.2, a.2, ad 2.

d) *La persona de Jesucristo es divina, eterna e inmutable*
en su encarnación, y no formada por la unión
de las naturalezas: es la persona del Hijo de Dios

La persona en Jesucristo es la persona eterna del Hijo de Dios.
Ya sabemos que solo se encarnó la segunda persona de la Santísima Trinidad, el Hijo de Dios, como nos enseña la revelación y la fe de la Iglesia: las tres personas divinas hicieron que una naturaleza humana se uniera a la persona singular del Hijo de Dios[9].

El Verbo, desde antes de todos los siglos, tiene su ser personal por generación eterna de Dios Padre. La fe nos enseña que la persona de Cristo es la persona eterna del Hijo Unigénito de Dios.

Así pues, la persona de Cristo no es causada por la unión de las naturalezas humana y divina, sino que es eterna. Cristo no «es» o existe por su naturaleza humana, sino que por ella «es hombre». La persona de Cristo, tras la encarnación, subsiste sin cambio alguno en dos naturalezas, pero no es formada por la composición o por la unión de ambas.

Como consecuencia, *la filiación de Jesús respecto a su Padre no es adoptiva como la de otros hombres, sino que es Hijo de Dios por naturaleza*, el Unigénito (cf. Jn 3, 16.18), el propio Hijo del Padre (cf. Rom 8, 3.32). En efecto, la filiación es una «relación personal», de una persona respecto otra que le engendró y le comunicó su naturaleza específica; y como en Cristo no hay otra persona que la increada, la del Hijo de Dios que ha recibido su ser personal del Padre por generación eterna, su filiación respecto a Dios Padre es natural, no adoptiva[10]. No se puede decir que Cristo en cuanto hombre fuera hijo adoptivo de Dios

---

[9] Cf. DS, 535; 801.
[10] Cf. DS, 595; 611; 619; 852.

por la gracia santificante, pues aunque tuvo plenamente esa cualidad sobrenatural, como después veremos, este don no le hizo ser Hijo de Dios: ya lo era, y por naturaleza.

3. La concepción subjetivista de la persona y su incidencia en cristología

Con el cambio producido por Descartes en el pensamiento filosófico moderno se modificó también el concepto de persona. Si anteriormente se definía a la persona en el orden de la realidad y del ser, a partir de este autor se la intentará definir desde la subjetividad; p. ej., como la autoconciencia del propio yo o del propio psiquismo (en el que se cifra toda la realidad personal), o bien como la apertura y capacidad de relación con otro tú.

a) Algunas teorías recientes sobre la personalidad de Jesucristo

Cuando se aplican esas teorías subjetivistas a Cristo se suscita inmediatamente el problema de imaginar en Jesús una persona humana distinta del Verbo. En efecto, si lo que constituye y define a la persona es su psiquismo, Cristo —que tiene una conciencia y una vida psíquica humanas— será un sujeto humano.

En esa línea, algunos autores[11] explican que la persona consiste en la autoconciencia, en una conciencia de uno mismo que se abre al ser en general, lo cual en el fondo es una apertura al infinito, es decir, a Dios. Así afirman que en Cristo esa conciencia humana se abre totalmente a Dios. Así pues, en Cristo, Dios y hombre, se podría hablar de dos sujetos: el hombre Jesús al

---

[11] K. RAHNER y algunos otros autores que le siguen.

que se atribuye una «subjetividad» propia, y el Logos que tiene otra subjetividad distinta.

Entonces, ¿cómo puede darse una unidad entre lo humano y lo divino en Cristo? La intentan explicar por las operaciones existentes entre ambos centros de conciencia o subjetividades. Y así dicen que «toda la realidad de Jesús» está en el hecho que su subjetividad humana está totalmente abierta al infinito, en completa obediencia al Padre; y por eso puede recibir la total autodonación de Dios que se le revela plenamente; así pues, Jesús será un ser humano en quien tiene lugar la revelación suprema de Dios.

b) Crítica de estas teorías

Esas teorías reducen la Cristología a una simple antropología, perdiendo todo el sentido sobrenatural y trascendente o divino que nos da la fe sobre la persona de Jesús. Cristo solo sería una persona humana igual que nosotros, un hombre que tiene una relación más intensa con la divinidad, un hombre especialmente místico y santo; y no se podría decir con verdad que Jesucristo es Dios hecho hombre, tal como enseña la fe.

Esas teorías, además, sostienen una antropología insuficiente que reduce la realidad de ser hombre a uno de sus actos: la persona sería la simple conciencia de sí. Lo cual es un error, pues toda operación vital —como lo es la conciencia— requiere un sujeto operante, que es la persona. Por tanto, la persona no se identifica con su conciencia, ni se constituye por ella: la persona es quien tiene esa conciencia de sí.

Por eso la Santa Sede, en 1972, salió al paso de esos errores como opuestos a la fe[12].

---

[12] Cf. CONGR. PARA LA DOCTRINA DE LA FE, Decl. *El misterio del Hijo de Dios*, 3.

4. Modos de expresar la realidad del misterio de la unión hipostática

Sabemos que el Hijo de Dios ha hecho suyas las propiedades de la naturaleza humana que ha asumido, y ha hecho partícipe a esa humanidad asumida de la dignidad de su persona, de modo que al expresar el misterio de la encarnación se da una especie de comunicación de propiedades entre lo humano y lo divino, lo que se ha denominado con una locución, de origen griego, *communicatio idiomatum*. Por ejemplo, cuando san Pedro dice a los judíos: «Matasteis al autor de la vida» (Hch 3, 15); o cuando dice san Pablo que si los judíos hubieran conocido la Sabiduría de Dios, nunca hubiesen crucificado al Señor de la gloria (cf. 1 Cor 2, 8). En ambos casos se atribuyen a Dios —que es el autor de la vida y Señor de la gloria— algunos rasgos humanos (como el poder morir o ser crucificado).

En este terreno, hay unos modos de hablar sobre Cristo que resultan adecuados, pero otros pueden ser ambiguos o erróneos. Por tanto, deberemos cuidar la precisión del lenguaje para expresarnos convenientemente; para esto veamos algunas reglas que debemos observar en nuestras expresiones sobre el misterio de Jesucristo.

a) A la única persona de Cristo hay que atribuir todas las propiedades y acciones tanto de su naturaleza divina como las de su naturaleza humana

Como la persona de Cristo es el sujeto que subsiste en las dos naturalezas, se pueden y se deben atribuir a esa persona todas las propiedades y acciones de la naturaleza divina y de la naturaleza humana, pues realmente son suyas y le pertenecen.

Tengamos en cuenta que normalmente nombramos la persona subsistente por medio de nombres concretos: el Verbo, Dios, el Hijo de Dios, Jesús de Nazaret, Cristo, el Hijo del hombre, este hombre, etc.

Así podemos decir que Dios ha nacido de María Virgen o que el Hijo de Dios ha muerto por nosotros. Y también podemos decir que Jesús es Dios, es la Verdad y la Vida, que por Él se crearon todas las cosas o que existe antes que Abraham. Y así lo confiesa el símbolo Niceno-Constantinopolitano: «Creo en un solo Señor, Jesucristo, Hijo único de Dios, nacido del Padre antes de todos los siglos [...] por quien todo fue hecho; que por nosotros, los hombres [...] se encarnó de María, la Virgen, y se hizo hombre; y por nuestra causa fue crucificado en tiempos de Poncio Pilato; padeció y fue sepultado, y resucitó al tercer día, según las Escrituras, y subió al cielo»[13].

b) No se pueden atribuir a una naturaleza de Cristo las propiedades y acciones de la otra

Puesto que después de la unión hipostática las dos naturalezas de Cristo permanecen distintas y sin confusión, no se pueden predicar o atribuir a una naturaleza las propiedades y las acciones de la otra.

Tengamos en cuenta que normalmente designamos las naturalezas en sí mismas, y no la persona de esa naturaleza, con los nombres abstractos que califican su modo de ser: p. ej., la divinidad, la humanidad.

Así, no se puede decir en modo alguno que la divinidad ha nacido en el tiempo o que era pasible o que ha muerto por nosotros. Como tampoco se puede decir que la humanidad de Cristo es increada, eterna, omnipotente o que era impasible.

La reduplicación es otro modo de significar las naturalezas. Los nombres que significan la naturaleza en concreto (p. ej., Dios,

---

[13] Cf. CEC, 467

hombre), que en principio significarían la persona, si los usamos con reduplicación (p. ej., Jesucristo, *en cuanto Dios*; o el Hijo de Dios, *en cuanto es hombre*), en este caso designan propiamente esa naturaleza (la divina o la humana) y sus propiedades.

De esta forma podemos decir que el Hijo de Dios, *en cuanto hombre*, es inferior al Padre, es criatura o que murió en la cruz. Y también podemos decir que Jesús, *en cuanto Dios*, es eterno, igual al Padre, no ha sido hecho.

En cambio, no se puede decir que Jesús, *en cuanto Dios*, nació en Belén; o que Cristo, *en cuanto hombre*, es el Creador o es una persona.

En resumen, aunque todas las propiedades y acciones de las dos naturalezas justamente se atribuyen a la única persona de Cristo, para evitar equívocos y locuciones confusas, muchas veces conviene distinguir la razón de esa atribución: unas se le atribuyen según su naturaleza divina (p. ej., Jesucristo es el Creador de todas las cosas en cuanto Dios), y otras según su naturaleza humana (p. ej., es hijo de María en cuanto hombre).

Capítulo 5
LA GRACIA Y LA SANTIDAD DE JESUCRISTO

¿Cómo es Cristo en cuanto hombre? Ya hemos dicho que es perfecto hombre y tiene una naturaleza humana íntegra a la que no falta nada de lo que es propiamente humano, ya que en la encarnación «la naturaleza humana ha sido asumida, no absorbida» (GS, 22)[1] por el Hijo de Dios.

Ahora estudiaremos las cualidades humanas de Jesucristo. En cambio, no veremos las propiedades de su naturaleza divina que se estudian en otro tratado. En concreto, en este capítulo consideraremos la gracia y santidad de Cristo y en los capítulos sucesivos estudiaremos su conocimiento humano, su voluntad libre, su afectividad, etc.

---

[1] Cf. CEC, 470.

1. Cualidades naturales y sobrenaturales que Cristo tuvo en su humanidad

a) Cristo tuvo en su humanidad aquellas cualidades naturales y sobrenaturales que eran convenientes para servir al Verbo en la obra de nuestra salvación

Ya sabemos que el Hijo de Dios se encarnó para ser, como hombre, la causa de nuestra salvación; por eso su humanidad debe ser el instrumento adecuado unido al Verbo para llevar a cabo esa obra salvífica.

La humanidad de Cristo es un instrumento vivo y racional, no inerte o pasivo que simplemente fuera movido por el agente principal, sino que tiene su acción propia. Por eso Cristo hombre tiene aquellas cualidades que son convenientes al fin de la encarnación: p. ej., Él está «lleno de gracia y de verdad» (Jn 1, 14) para poder comunicarnos la verdad y la gracia divinas por las que nos salvamos, ya que «de su plenitud recibimos todos» (Jn 1, 16).

Perfección de la humanidad de Cristo. Esa riqueza de propiedades de su naturaleza humana procede de su unión con la divinidad, pues Dios es la fuente de todo bien y la perfección de una criatura depende de su unión con Dios: cuanto más unido se está con Dios, más se participa de su bondad y más abundantes bienes se reciben, así como cuanto más se acerca uno al fuego más se calienta. Pues bien, no hay una unión más íntima de la criatura con Dios que la unión en la misma persona divina, de ahí que Cristo en su humanidad esté lleno de los dones divinos: es un hombre natural y sobrenaturalmente perfecto.

Así como el Hijo de Dios hecho hombre tiene aquellas cualidades naturales y sobrenaturales que son convenientes para nuestra salvación, por esa misma razón no asumió con la naturaleza humana aquellos defectos o limitaciones que dificultarían la obra salvífica, tales como el pecado o la ignorancia. Aunque sí asumió aquellas limitaciones de nuestra naturaleza que sirven al fin de la encarnación y que no son defecto moral y no desdicen de su condición, tales como la pasibilidad o el dolor.

b) La santidad de Cristo, compendio de todas sus cualidades sobrenaturales

La santidad. La santidad es un atributo propio de Dios, el solo Santo, «tres veces Santo» (Is 6, 3). El concepto de santidad se refiere al ser divino en sí mismo que es trascendente sobre todo lo creado; y, como consecuencia, encierra la idea de pureza y de ausencia de pecado. La noción de santidad también se predica de las criaturas, que se dicen «santas» en cuanto están unidas a Dios y participan íntimamente de la vida divina.

Santidad en sentido ontológico. En la Biblia se dice que alguien es santo en la medida que está unido a Dios, ha sido asumido por Él y le pertenece, y, por consiguiente, está consagrado a su servicio: p. ej., en el Antiguo Testamento se llaman santos el Templo, el pueblo de Dios, etc. La noción de santidad en el Nuevo Testamento, además de conservar la idea de una consagración o dedicación a Dios, se enriquece con la de una participación en la vida divina por acción del Espíritu Santo que transforma al hombre interiormente, lo diviniza y lo purifica del pecado: p. ej., son santos los bautizados (cf. Hch 9, 13; Rom 15, 25).

Santidad en sentido operativo y moral. Se dice que es santo quien vive establemente la unión sobrenatural con Dios por la fe y el amor y, por lo tanto, se mueve en todo guiado por la voluntad santa de Dios y le sirve de corazón («el justo vive de la fe»: Rom 1, 17). Y una consecuencia de esa unión y de ese amor a Dios es que tal hombre se conducirá lejos de todo pecado y de todo lo que le aparta de Dios. Por tanto, todo cristiano está llamado está llamado a hacer cada vez más íntima la comunión con Dios, a la plenitud de la vida cristiana, a la perfección de la caridad, a la santidad.

La santidad de Cristo. En la sagrada Escritura Cristo es llamado santo (cf. Lc 1, 35; Hch 3, 14) o el Santo de Dios (cf. Jn 6, 69). Evidentemente es santo en cuanto Dios. Pero también es santo en cuanto hombre, y esto en tres sentidos: en primer lugar, porque su humanidad está unida al solo Santo en unidad de persona, es de Dios y pertenece enteramente al Verbo; en segundo lugar, porque mediante la gracia santificante —participación del Espíritu Santo— su humanidad está plenamente divinizada en su esencia y en sus potencias; y en tercer lugar, es santo en el aspecto moral porque vive siempre unido a la voluntad de su Padre y en Él no hay pecado alguno.

2. La santidad ontológica de Cristo en cuanto hombre

Por la unión hipostática, la humanidad de Cristo es ontológicamente santa en cuanto ha sido asumida por el Hijo de Dios; por tanto, es enteramente de Dios, pertenece al Verbo, está destinada y consagrada a su servicio, y es en sí misma instrumento de la divinidad.

Esta misma unión hipostática, considerada como un don otorgado a la naturaleza humana asumida, se puede llamar «*gracia de unión*»: para la humanidad de Cristo es una gracia el hecho de haber sido elevada a la mayor unión con la divinidad a que puede ser elevado ser alguno: la unión en la persona del Hijo de Dios. La misma persona del Verbo es como un don para la naturaleza humana de Cristo, un don infinito[2].

---

[2] Cf. *S. Th.* III, q.2, a.10; III, q.6, a.6; III, q.7, a.13; etc.

3. La plenitud de gracia santificante en el alma de Cristo

a) Cristo hombre es santificado formalmente por la gracia habitual

La gracia habitual es el don sobrenatural que Dios otorga al hombre por el que lo une a sí y le hace semejante a sí mismo, partícipe de la naturaleza divina (cf. 2 Pe 1, 4) que es santa. Por eso la gracia se llama también «*santificante*» porque es una cualidad que transforma la naturaleza del hombre divinizándolo, haciéndole justo y santo.

Los Evangelios nos hablan explícitamente de la existencia de esta gracia en Jesucristo: estaba «lleno de gracia» (Jn 1, 14), y «crecía en gracia» (Lc 2, 52).

Es fácil de entender la conveniencia de que Cristo tuviera la gracia habitual, ya que su humanidad no es santa por sí misma, ni se ha transformado en divina con la unión hipostática, puesto que siempre permanece la distinción de las dos naturalezas. Por eso, es necesario que la humanidad de Cristo llegue a ser cualitativamente divina y santa por participación, que es el efecto propio de la gracia habitual o santificante[3].

b) La plenitud de gracia habitual en Cristo

La plenitud de gracia habitual en Cristo. La revelación no solo nos dice que Jesús tiene la gracia habitual o santificante, sino que estaba «lleno de gracia y de verdad» (Jn 1, 14), y nos habla de su «plenitud de gracia» (Jn 1, 16).

En efecto, la gracia es causada en el hombre por la presencia de Dios en él, igual que la luz del aire es consecuencia de la pre-

---

[3] Cf. *S. Th.* III, q.7, a.1, ad 1; III, q.7, a.9, ad 2.

sencia del sol. La razón de la plenitud de gracia en Cristo es que su humanidad está unida a Dios en la unidad más estrecha imaginable, en unidad de persona, por lo que recibe la máxima y más plena comunicación posible de la vida divina.

¿En qué consiste esta plenitud de gracia? Considerándola como una realidad creada que tiene su sujeto en el alma, es evidente que la gracia habitual no puede ser infinita en sí misma, sino limitada. Pero Cristo ha recibido en su humanidad la gracia en el más alto grado que puede darse. Por eso se puede decir que la gracia en Cristo es en cierto modo ilimitada, «sin medida» (Jn 3, 34); mientras que a nosotros se nos da según medida (cf. Ef 4, 7). Es decir, Jesús poseía la gracia con toda la perfección posible: con todos los efectos, virtudes, dones y operaciones que esta puede tener y alcanzar.

Esta plenitud de gracia es propia y exclusiva de Cristo, pues le fue conferida para que Él fuera el principio universal de la justificación de todo el género humano. Todas las gracias que han tenido los hombres de Él provienen, como de su fuente; y por eso Él las posee todas, y en grado más alto: «De su plenitud todos hemos recibido gracia por gracia» (Jn 1, 16). Esta misma plenitud de gracia habitual de Cristo, en cuanto es la cabeza y el principio de la santificación de todos, se conoce con el nombre de «*gracia capital*».

c) *Las virtudes sobrenaturales, los dones y carismas en Cristo*

Junto con la gracia, Cristo tiene todas las virtudes, dones y carismas del Espíritu Santo en la forma conveniente a su perfección de Hijo de Dios y a su misión de Redentor.

Las virtudes sobrenaturales. Como testimonia la sagrada Escritura, Cristo tuvo muchas virtudes, y en grado admirable: la misericordia, la humildad, la obediencia, la paciencia, etc.

Especialmente brilla en Él un encendidísimo amor a su Padre y a nosotros, los hombres, hasta el punto de ofrecer su vida por cada uno.

Sabemos que la gracia diviniza al alma en sí misma, en su esencia, pero su acción divinizadora se extiende también a las potencias del alma mediante las virtudes sobrenaturales para que el hombre pueda realizar obras de valor sobrenatural. Y Cristo, en su humanidad, estaba lleno del Espíritu Santo (cf. Lc 4, 1), por tanto, no podían faltarle las virtudes infusas, y estas en grado máximo y perfecto.

Sin embargo, Jesús no tuvo aquellas virtudes que suponen en sí mismas alguna carencia o imperfección: p. ej., no tuvo la fe (pues ya poseía la visión de Dios), ni propiamente tuvo la esperanza (pues su humanidad ya poseía a Dios), ni la penitencia (pues no tuvo pecado).

Los dones del Espíritu Santo. La revelación nos dice que Jesús, «lleno del Espíritu Santo [...] era conducido por el Espíritu» (Lc 4, 1); y que poseía también los dones del Espíritu Santo en grado excelentísimo y eminente (cf. Is 11, 2).

Sabemos que los dones del Espíritu Santo llevan a su última perfección las virtudes para que el hombre actúe totalmente según el querer de Dios. De ahí que Cristo poseyera esos dones para que la perfección de todas sus virtudes fuese plena.

Los carismas. Junto con la plenitud de gracia, Cristo posee en plenitud los carismas del Espíritu Santo, esto es, los dones divinos convenientes para desempeñar una misión salvífica.

Jesús tiene de modo perfecto todos los carismas que han tenido los hombres para llevar a cabo alguna misión para la edificación de los demás (los dones propios de los apóstoles, profetas, predicadores, doctores, pastores, etc.), pues de Él provienen (cf. Jn 1, 16). Y si muchos hombres han gozado de diversos carismas para comunicar la luz de la fe o para ayudar a los demás en el camino de la salvación, a Jesús le corresponde poseerlos de modo perfecto como Salvador de todos y supremo maestro de nuestra fe.

4. La santidad de vida y la ausencia de pecado en Jesucristo

Santidad de vida. Jesús en cuanto hombre no solo es santo porque su humanidad está unida al Verbo y le pertenece enteramente, o porque mediante la gracia su naturaleza humana está divinizada en su esencia y en sus potencias, sino que también es santo en sentido operativo y moral, en cuanto vivió libremente en todo momento en unión con su Padre por el amor. Su plenitud de gracia y de caridad le llevaba a identificar completamente su voluntad humana con la voluntad santa de Dios en lo grande y en lo pequeño, y a cumplir siempre los designios de su Padre. Él mismo confiesa: «Yo siempre hago lo que agrada a mi Padre» (Jn 8, 29).

Ausencia de pecado en Jesús. Jesús nunca se aparta del querer divino y está libre de todo pecado: «Viene el príncipe de este mundo (Satanás), mas no tiene ningún poder sobre mí» (Jn 14, 30). Y el Magisterio de la Iglesia, uniéndose a la sagrada Escritura, en muchas ocasiones ha enseñado esta realidad: Cristo es «semejante en todo a nosotros, excepto en el pecado» (Heb 4, 15)[4].

El Magisterio de la Iglesia ha señalado también que Jesús estuvo libre del pecado original y que no sufrió el desorden de la concupiscencia, que es una consecuencia de ese pecado de origen; de modo que en Él la sensibilidad estaba siempre perfectamente subordinada a la razón[5].

---

[4] Cf. S. León Magno, DS, 293-294; Conc. Calcedonia, DS, 301.
[5] Cf. Conc. II de Constantinopla, DS, 434; Conc. de Florencia, DS, 1347.

Pero hay más: los teólogos sostienen que Cristo no solo no tuvo ningún pecado de hecho, sino que, además, era *impecable*. La razón es obvia: las acciones son de la persona; y si Cristo pudiera pecar, sería Dios quien pecaría, y se tendría que negar a sí mismo, lo cual es absurdo. Además, Jesucristo en cuanto hombre, como veremos, gozaba de la visión intuitiva de Dios, que conlleva también la imposibilidad de rechazar el Bien infinito.

Capítulo 6
EL CONOCIMIENTO HUMANO
Y LA CONCIENCIA DE JESUCRISTO

1. La existencia del conocimiento humano de Jesucristo

Como Cristo tiene dos naturalezas perfectas también posee dos modos de conocer, uno infinito y divino —común a toda la Trinidad—, y otro humano.

Centrándonos en este último, la afirmación de un conocimiento humano en Cristo es patente en todo el Nuevo Testamento. Y la Iglesia, siguiendo la revelación divina, ha defendido siempre la integridad de la naturaleza humana de Cristo, que tiene un alma racional y una inteligencia humana. Esta inteligencia humana no puede estar privada de la actividad que le es propia: el conocer por sí misma; de lo contrario sería vana e imperfecta.

Por ejemplo, el concilio Vaticano II dice que el Hijo de Dios «trabajó con manos de hombre, *pensó con inteligencia de hombre*, obró con voluntad de hombre, amó con corazón de hombre» (GS, 22).

2. Distintos tipos de conocimiento humano en Jesucristo

Los teólogos se han preguntado si Jesús, durante su caminar terreno, tuvo los diversos modos de conocer a los que está abierta la inteligencia humana y son posibles para ella (el conocimiento adquirido por la experiencia, la visión beatífica y el conocimiento infuso de los profetas). Como es lógico, los Evangelios no distinguen los diversos modos de conocimiento, aunque sugieran algunas cosas. El Magisterio de la Iglesia, aunque ha definido la existencia de un conocimiento humano en Cristo, no ha determinado la especie y el alcance de esos diversos modos de conocer. Veamos, pues, lo que enseña la teología más segura.

a) El conocimiento experimental o adquirido de Jesucristo

Por conocimiento adquirido se designan aquellos conocimientos que el hombre alcanza por sus propias fuerzas partiendo de los sentidos y de la experiencia. El intelecto humano, apoyándose en los datos de la experiencia sensible, tiene la capacidad de conocer lo que son las cosas, no solo sus apariencias, y conocer sus causas, sus relaciones con otras, etc.

Sin duda este es el modo de conocimiento del que habla san Lucas de Jesús niño: «crecía en sabiduría, edad y gracia» (Lc 2, 52). Jesús adquiría aquellos conocimientos de forma semejante a los demás hombres: con sus experiencias y con la aplicación de la mente a esas vivencias, y contando también con los conocimientos de los demás, preguntándoles (cf. Mc 6, 38), empezando por las enseñanzas que recibiría de María y de José.

«Tal ciencia es proporcionada [...] y connatural a la naturaleza humana»[1]. Aceptar la existencia de este conocimiento

---

[1] *S. Th.* III, q.9, a.4.

adquirido en Cristo —y, por tanto, progresivo—, es consecuencia del realismo con que se acepta la encarnación del Verbo.

Parece claro que este conocimiento adquirido tendría un alcance limitado, pues su inteligencia humana se desenvolvía en las concretas condiciones históricas de su existencia, y su experiencia era limitada en el espacio y en el tiempo. Aunque la claridad y la fuerza de su inteligencia le harían entender la realidad de las cosas que iba experimentando con mucha más profundidad y sabiduría que en el caso de los demás hombres.

b) Cristo tuvo también el conocimiento de los bienaventurados

Se llama visión beatífica al conocimiento íntimo e inmediato de Dios que es propio de los bienaventurados del cielo, y que les hace semejantes a Él porque lo ven «tal cual es» (1 Jn 3, 2), claramente «cara a cara» (1 Cor 13, 12), y en su luz ven la luz (cf. Sal 35/36, 10).

La afirmación de la existencia de esta forma de conocimiento en Cristo durante su vida terrena se fundamenta en aquellos textos del Nuevo Testamento en los que se dice que Él *ve a Dios*: «Nadie ha visto al Padre, sino aquel que procede de Dios, ese ha visto al Padre» (Jn 6, 46). Por eso, Jesús se presenta como *testigo de lo que ve en Dios*; por ejemplo cuando dice: «Aquel que me ha enviado es veraz y yo enseño al mundo lo que le he oído [...] Yo digo lo que veo en el Padre» (Jn 8, 26.38).

Aunque históricamente hubo algunas dudas acerca de si esos textos se referían a su conocimiento humano propio de los bienaventurados o bien al que es propio de Dios, la Tradición de la Iglesia, desde san Agustín, ha sido concorde en afirmar el conocimiento bienaventurado en Cristo.

El Magisterio de la Iglesia en algunas ocasiones se ha referido a la existencia de este conocimiento en Cristo, aunque no ha definido esta doctrina como de fe[2]. La existencia de esta forma de conocimiento en Cristo se funda en la unión de la naturaleza humana al Verbo: como consecuencia de esa unión, el intelecto humano de Cristo gozaba de un pleno e inmediato conocimiento de su Padre[3].

Por eso Jesús no tenía fe, en el sentido de adhesión a lo que no se ve y que aceptamos por la autoridad de quien nos lo dice: tenía el conocimiento de la visión inmediata de Dios.

Y, según el común parecer de los teólogos, Cristo con la visión bienaventurada conocía no solo la divinidad sino también todas las cosas, ya que todas tienen relación con su misión en la tierra, pues Él ha sido constituido en Redentor de todos. Y el Magisterio de la Iglesia alguna vez ha dicho que es *cierta* la sentencia que establece que Jesús «desde el principio *lo conoció todo en el Verbo, lo pasado, lo presente y lo futuro*»[4].

c) *¿Tuvo Cristo también un conocimiento infuso o profético?*

Conocimiento infuso es aquel que no se adquiere por el trabajo de la razón, sino que proviene directamente de Dios por la comunicación de algunas ideas a la mente humana. No hay que confundirlo con el de visión beatífica por la que se ve inmediatamente a Dios en sí mismo. Un ejemplo de ciencia infusa es el conocimiento profético.

Los textos del Nuevo Testamento no son incontrovertibles en el sentido de afirmar la existencia de un conocimiento infuso en Cristo. Sin embargo, quizás lo *sugieren* cuando mencionan que Jesús conocía los pensamientos secretos del corazón de los

---

[2] Cf. DS, 3645; Pío XII, Enc. *Mystici corporis* (DS, 3812) y Enc. *Haurietis aquas* (DS, 3924).

[3] Cf. Mc 14, 36; Mt 11, 27; Jn 1, 18; 8, 55; CEC, 473.

[4] Decr. del Santo Oficio del 5-VI-1918: DS, 3646.

hombres, como reconoce la samaritana (cf. Jn 4, 19), o los sucesos futuros contingentes que predice, como son las negaciones de Pedro, su muerte y resurrección, la destrucción de Jerusalén, etc.[5]

El Magisterio de la Iglesia solo alguna vez se ha referido al conocimiento infuso de Cristo. Los teólogos están divididos: unos opinan que esos textos de la Escritura se refieren a la visión beatífica, y otros opinan que se refieren al conocimiento infuso.

d) ¿Cómo se compaginan en Cristo esos diversos tipos de conocimiento humano?

¿Cómo podría Jesucristo adquirir y progresar en conocimientos por ciencia adquirida, si ya lo sabía todo por ciencia de visión?

En este punto, las explicaciones de los teólogos han de partir de la plena aceptación de los datos revelados, los cuales indican que Jesús aprendía, y por otra parte dicen que gozaba de la visión de Dios. Tenemos que sostener que Jesús durante su vida terrena era bienaventurado por un lado, y por eso gozaba de visión y posesión de la divinidad, y por otro lado, en otro aspecto, todavía no había alcanzado esa bienaventuranza perfecta, era *viator* o peregrino hacia la gloria, y por eso podía progresar en los conocimientos y merecer.

Así pues, para esclarecer algo este misterio, los teólogos han afirmado que se trata de dos conocimientos situados a niveles distintos y de características diversas, de modo que un conocimiento no impedía el otro. Como dos faros que iluminan la misma carretera, la iluminación de cada uno no se opone a la del otro.

---

[5] Cf. Mc 2, 8; Jn 1, 47-49; 2, 25; 4, 17-18; 6, 61.

Sobre ese esquema general se han dado diversas explicaciones, con distintos planteamientos y terminología, tanto en la antigüedad como en la actualidad. Pero hay que reconocer que estas opiniones son incapaces de elucidar este misterio, que permanece inaccesible a nosotros, y que refleja la profundidad inescrutable de la unión hipostática.

3. La plenitud de ciencia y sabiduría de Jesucristo hombre

La sagrada Escritura enseña que Jesucristo está «lleno de gracia y de verdad» (Jn 1, 14); en Él «están escondidos todos los tesoros de la sabiduría y de la ciencia» (Col 2, 3). De ahí que la Tradición de la Iglesia haya insistido en la plenitud de conocimiento en Cristo que excluye todo error e ignorancia.

a) En Cristo no se da el error

Es necesario que distingamos entre error, ignorancia y nesciencia. Error es considerar falso lo que es verdadero o viceversa; ignorancia es desconocer algo que debería conocerse: es, pues, la carencia de una perfección debida; y la nesciencia es desconocer algo que no tiene por qué saberse.

La crítica histórica, el protestantismo liberal y el modernismo, han sostenido que Jesús padeció *error* en cuanto a la fecha del fin del mundo y en cuanto a la naturaleza de su mesianismo. Se apoyan en algunos textos en los que el Señor parece anunciar el fin del mundo como inminente[6].

---

[6] Por ejemplo, el discurso escatológico de Mt 24, y otros textos (cf. Mt 16, 28).

San Pío X en 1907 condenó esas teorías diciendo que Cristo no tuvo error alguno[7]. Pero es que, además, la existencia de un error en Cristo implicaría que no es Dios y que no es la Verdad. Y, por otra parte, el error iría contra su misión de maestro de todos los hombres.

Además, la mayor parte de los teólogos afirma que «pertenece a la fe» no solo que Cristo no se equivocó, sino que era *infalible*; que era imposible que errase.

b) Cristo no tuvo ignorancia

Existen en la Escritura algunos textos que parecen indicar alguna ignorancia en Jesús; el texto más importante para nuestra cuestión es aquel en el que Jesús dice ignorar el día y la hora del juicio (cf. Mt 24, 36 y Mc 13, 32).

Basándose en ese texto, en la antigüedad hubo quienes sostuvieron una ignorancia en Cristo. Sin embargo, la mayoría de los Padres afirmó que Cristo no ignoraba cuándo llegaría el fin del mundo, sino que no quería, ni debía, revelarlo. En este sentido el Catecismo de la Iglesia Católica dice: «Lo que reconoce ignorar en este campo (cf. Mc 13, 32), declara en otro lugar no tener misión de revelarlo (cf. Hch 1, 7)» (CEC, 474).

También hoy algunos postulan una ignorancia en Cristo, que incluso es considerada como un factor positivo y necesario de su verdadera humanidad. Esta opinión no tiene presente que Jesús no es un simple hombre como nosotros, sino que es Dios hecho hombre.

La Iglesia ha rechazado en diversas ocasiones esas sentencias erróneas, y ha señalado como *cierta* «la sentencia que establece *no haber ignorado nada* el alma de Cristo»[8].

---

[7] Cf. DS, 3432-3435.
[8] DS, 3646. Cf. DS, 474-476; Conc. Lateranense (a. 649), DS, 518-519.

4. La conciencia de sí mismo o autoconciencia que tenía Jesús

a) *La autoconciencia de Cristo según algunas teorías subjetivistas recientes*

A partir del siglo XX la Cristología ha mostrado un especial interés por la conciencia que Jesús tenía de sí mismo: si se sabía Mesías e Hijo de Dios. Sin duda, esta tendencia está en relación con el giro del pensamiento filosófico moderno hacia la subjetividad, que reduce la realidad personal de Cristo a su autoconciencia.

Esta concepción lleva no solo a poner en Cristo un centro de conciencia humano distinto del Verbo, sino a imaginar que esa conciencia se reduce a los fenómenos psíquicos humanos: las sensaciones, los impulsos, las reacciones, etc., propias del psiquismo humano. Es decir, Jesús solo podía conocer los efectos de su humanidad (si estoy cansado, triste, feliz, angustiado, si tengo simpatía o amor hacia alguien, etc.). Entonces, ¿cómo podía Jesús llegar a conocer su identidad de Hijo de Dios?

Algunos autores responden diciendo que Jesús nunca tuvo conciencia de su carácter mesiánico y de su divinidad.

Otros sostienen que Jesús, desde una inicial ignorancia por la que se consideraba como un simple galileo, iría poco a poco tomando conciencia de ser el Hijo de Dios y de ser el Salvador del mundo, en un proceso que no explican satisfactoriamente. De todas formas, esta conciencia de Jesús nunca llegaría a ser clara (no pasaría de ser como una intuición o sospecha), ni siquiera al final de su vida en la cruz, en donde lo ven lleno de dudas y oscuridad sobre el sentido de su vida y de su muerte.

Aun cuando nada prohíba que se hagan más profundas indagaciones acerca de la humanidad de Cristo con métodos psicológicos, esas teorías mencionadas llevan a cabo una transposición unívoca de nuestra psicología a Cristo, lo cual no es legítimo pues Él no es un simple hombre, sino Dios y hombre, que, además, en su humanidad poseía la visión de Dios.

b) En concreto, ¿Cristo tenía conciencia de ser el Hijo de Dios?

Jesús ¿se sabía Hijo de Dios? Las teorías mencionadas que niegan que Jesús tuviera esta conciencia, chocan con la enseñanza de los Evangelios que nos muestran que el Señor tenía un claro y verdadero conocimiento de sí, sabía quién era: el Hijo de Dios que ha venido a este mundo y se ha hecho hombre para salvarnos[9]. Y también contradicen lo que nos dice la fe sobre la plenitud del conocimiento de Cristo, en el que no cabe la ignorancia. *La Escritura nos muestra que esa conciencia de Jesús acerca de ser el Hijo de Dios fue siempre rectilínea y clara*, desde sus primeras palabras cuando tenía doce años: «¿Por qué me buscabais? ¿No sabíais que yo debía estar en la casa de mi Padre?» (Lc 2, 49). En este punto también podríamos traer a colación los textos, que ya hemos visto, en los que Jesús expresa la conciencia de su identidad cuando se designa como Hijo de Dios, o afirma su preexistencia al mundo, o que ha venido al mundo enviado por su Padre, o cuando dice que es igual al Padre, etc.

c) La unidad psicológica de Cristo: el «Yo» de Cristo

Otro foco de atención de algunos teólogos del siglo xx ha sido si en Cristo hay un único «yo» (considerado como centro de la autoconciencia o de la personalidad psicológica), o hay un «yo» humano distinto del «yo» propio del Hijo de Dios.

---

[9] COMISIÓN TEOLÓGICA INTERNACIONAL, *La conciencia que Jesús tenía de sí mismo y de su misión*, en *Documentos 1969-1996*, BAC 587, pp. 382-384.

Si nos fijamos en la palabra «yo» en labios de Jesús (palabra que expresa su autoconciencia), comprobaremos que en los Evangelios nunca aparece un yo humano de Jesús y otro yo del Hijo de Dios: nunca se siente y se muestra como un hombre distinto del Hijo de Dios. Por el contrario, en la Escritura aparece un único «yo», que expresa su unidad psicológica, que se sigue de la unidad ontológica de su persona: Él es y se sabe un solo sujeto, el Hijo de Dios eterno que es también hombre. P. ej., «Ahora, Padre, glorifícame a tu lado [en mi humanidad], con la gloria que yo tenía junto a ti antes que el mundo existiera [como Hijo eterno de Dios]» (Jn 17, 5).

Asimismo es muy significativa la expresión «Yo soy» utilizada por Jesús, que recuerda la respuesta dada por Dios a Moisés: «Yo soy el que soy [...] Así responderás a los hijos de Israel: 'Yo soy' me manda a vosotros» (Ex 3, 14). Por ejemplo: «Si no creyereis que Yo soy, moriréis en vuestros pecados» (Jn 8, 24); y también: «Cuando levantéis en alto al Hijo del hombre, entonces conoceréis que Yo soy» (Jn 8, 28), donde Cristo habla de su «elevación» mediante la cruz y la sucesiva exaltación en su resurrección y ascensión al cielo (se refiere a sí mismo en su condición humana): entonces se manifestará claramente ante todos los hombres quién es, que Él es Dios.

Capítulo 7

LA VOLUNTAD HUMANA DE JESUCRISTO
Y OTRAS CARACTERÍSTICAS
DE SU VERDADERA CONDICIÓN HUMANA

Para completar el conocimiento de *Cristo en cuanto hombre* veremos ahora la voluntad humana de Jesús, y otros rasgos de su perfecta humanidad. También aquí examinaremos los problemas que surgieron históricamente, para entender mejor el sentido y el alcance de la doctrina definida por la Iglesia en esas ocasiones.

1. La voluntad humana de Jesucristo

Como Cristo tiene dos naturalezas perfectas también tiene dos modos de querer, uno divino —común a toda la Trinidad—, y otro humano. Ahora estudiaremos solo su voluntad humana.

a) *Las herejías del monoergismo y del monotelismo.*
El concilio III de Constantinopla

El monoergismo. El patriarca Sergio de Constantinopla, a comienzos del siglo VII, para ganarse a los monofisitas que no habían desaparecido con el concilio de Calcedonia, sino que seguían todavía muy activos, enseñó que Cristo, aunque tuviera dos naturalezas, tenía una única operación, pues opinaba que el obrar o el actuar proviene de la persona que es una sola en Cristo.

El monoergismo o monoergetismo[1] también lo sostenía el emperador Heraclio, por lo que alcanzó bastante fuerza. Esta opinión fue combatida con fuerza, destacando en esto especialmente Máximo el Confesor.

El monotelismo. Ante la polémica suscitada, el emperador Heraclio, que buscaba la unidad religiosa para salvaguardar la solidez ya minada del imperio, dejó de hablar del monoergismo y pasó a sostener que había una sola voluntad en Cristo. Y en el año 638, con un edicto, impuso el monotelismo a toda la Iglesia[2].

Atribuía a Jesús una única voluntad pues, según él, su voluntad humana estaría movida por la voluntad divina sin que tuviera un propio querer humano. Justificaba su tesis aduciendo que los Santos Padres enseñaron que en Cristo la naturaleza humana era instrumento de la divinidad; y como un instrumento no se mueve por su voluntad sino por la voluntad de quien lo utiliza, concluía que Cristo no poseía una voluntad humana.

Máximo el Confesor consiguió que el Papa Martín I condenara los errores del monotelismo y del monoergismo[3].

El concilio III de Constantinopla (año 681). Cuando murió Heraclio y cambió la situación político-religiosa del imperio se convocó un concilio ecuménico. Este concilio, sexto ecuménico

---

[1] En griego «*energeia*» significa poder, actividad. Los términos *monoergetismo* o *monoergismo* provienen de «una sola operación o acción».

[2] En griego «*thélema*» significa voluntad. El término *monotelismo* proviene de «una sola voluntad».

[3] Cf. DS, 500-515.

y III de Constantinopla, condenó el monotelismo y el monoergismo, y definió solemnemente que en Cristo «se dan dos voluntades naturales y dos operaciones naturales sin división, sin cambio, sin separación, sin confusión»[4].

Para este concilio la afirmación de las dos naturalezas en Jesucristo necesariamente lleva consigo la confesión de dos voluntades y de dos modos de actuar «*naturales*», pues sus principios son las naturalezas correspondientes. Una naturaleza humana sin una efectiva voluntad y operación propias no sería íntegra, y Cristo no sería perfecto hombre. Por eso, aplicó a las voluntades y a las operaciones de Jesús los términos que Calcedonia había aplicado a las dos naturalezas («sin división, sin cambio, sin separación, sin confusión»).

En Constantinopla quedó claro que no es suficiente la confesión de la integridad de la naturaleza humana de Cristo si se la considera solo como un elemento pasivo e inerte en manos del Verbo, como una simple fachada humana del Hijo de Dios.

También enseñó este concilio que esas dos voluntades y modos de actuar de Cristo no se contraponen, sino que se dan unidos: lo humano está sujeto y sigue a lo divino.

b) *La existencia de una voluntad humana de Cristo*

Sabemos que el Verbo asumió una naturaleza humana perfecta; y la voluntad libre pertenece, y de modo esencial, a la integridad y perfección de la naturaleza humana. Por tanto, Jesús tiene una voluntad racional humana, la facultad que inclina al hombre hacia el bien conocido por la inteligencia.

Ciertamente la persona es «quien» quiere y actúa, pero lo hace según la forma y poder de su naturaleza. Por tanto, Jesu-

---

4 Conc. III de Constantinopla, DS, 556.

cristo es el que quiere según cada una de sus dos naturalezas:
tiene un querer divino común con el Padre y el Espíritu Santo,
propio de la naturaleza divina; y tiene otro querer humano,
propio de la naturaleza humana asumida, que no comparte con
el Padre y el Espíritu Santo.

Los monoteletas pensaban que la humanidad de Cristo era
un instrumento del Verbo que únicamente era movido por la
divinidad y no se determinaba por sí mismo. Y se equivocaban,
porque la humanidad de Jesucristo es un instrumento racional
y libre, no inerte o inanimado, que se mueve según su propio
modo de ser: *Jesús se mueve por su propia voluntad humana a seguir el querer divino*[5].

2. La libertad de la voluntad humana de Cristo y su unión con la voluntad divina

a) La libertad de la voluntad humana de Cristo

La libertad humana de Cristo aparece explícitamente señalada en algunos textos del Nuevo Testamento. Por ejemplo,
cuando dice: «Doy mi vida para tomarla de nuevo. Nadie me
la quita, sino que yo la doy libremente. Tengo potestad para
darla y tengo potestad para recuperarla» (Jn 10, 17-18); o
cuando señala que eligió como apóstoles a los que quiso (cf.
Mc 3, 13). La existencia de una libertad humana también es
señalada implícitamente cuando dice que Jesús obedeció a su
Padre o que se ofreció por nosotros en sacrificio (cf. Ef 5, 2);
o que mereció su exaltación gloriosa con la humillación de su
pasión (cf. Flp 2, 5-11); y sin libertad no es posible obedecer
y merecer.

---

[5] Cf. *S. Th* , III, q.18, a.1, ad 2; III, q.20, a.1.

El Magisterio de la Iglesia también ha enseñado expresamente la voluntariedad y la libertad con que Cristo se entregó por nosotros[6].

Ahora bien, si antes dijimos que Cristo era impecable, que no podía pecar, ¿cómo decimos ahora que era libre? Realmente no hay oposición entre esas dos afirmaciones: afirmar que Cristo era *libre no significa que pudiera pecar*, pues la libertad no consiste en poder elegir el bien o el mal. Así como el error no perfecciona la inteligencia ni es conforme a ella, elegir el mal o pecar no perfecciona la voluntad ni es conforme a ella, aunque muestra que el hombre es libre.

La libertad consiste en el modo que tiene la voluntad de querer el bien: en querer el bien por sí misma y no arrastrada por ningún otro factor interno o externo. Como dice santo Tomás: «Libre es el que es causa de sí mismo»[7].

b) En Jesucristo no hubo oposición entre la voluntad humana y la divina, pues obedeció libremente a la voluntad del Padre

El III concilio de Constantinopla confiesa que la voluntad humana de Cristo siempre «sigue a su voluntad divina sin hacerle resistencia ni oposición, sino que, por el contrario, está siempre subordinada a esta voluntad omnipotente»[8]. No se dan en Cristo dos quereres opuestos.

Efectivamente, la sagrada Escritura señala que el querer humano de Jesús no es otro que llevar a cabo el querer divino: «He bajado del cielo no para hacer mi voluntad sino la voluntad de Aquel que me ha enviado» (Jn 6, 38). Ya desde el momento

---

[6] Cf. DS, 423, 502.
[7] S. Tomás de Aquino, *De Veritate*, q. 24, a. 1; cf. *S. Th.*, III, q.18, a.4.
[8] Conc. III de Constantinopla, DS, 556.

de entrar en este mundo dice: «Heme aquí que vengo [...] para hacer, ¡oh Dios!, tu voluntad» (Heb 10, 7). Siempre vivió de la voluntad del Padre (cf. Jn 4, 34), y fue obediente hasta la muerte, y muerte de cruz (cf. Flp 2, 8). Precisamente por esta obediencia libre de Jesús todos somos justificados (cf. Rom 5, 19).

Aunque el III concilio de Constantinopla afirma que en Jesucristo no hubo oposición entre la voluntad humana y la divina, a primera vista parece que la hubo, al menos en el episodio de la oración en el huerto de Getsemaní, cuando Jesús dice: «No se cumpla mi voluntad, sino la tuya» (Mt 26, 39).

Para entender este pasaje, hace falta explicar que en Jesús su inclinación natural o su sensibilidad (a las que a veces también llamamos «voluntad»[9]) podían inclinarse hacia algún bien distinto del querer divino, pero estaban enteramente sometidas a él por el acto libre de la voluntad racional (que es la facultad que llamamos propiamente «voluntad humana»). Esto resulta manifiesto cuando dice que no se haga «mi voluntad» (la voluntad como inclinación natural y sensible), sino «hágase» (este es el acto de la voluntad como elección libre y racional, la verdadera voluntad humana), «la tuya» (la voluntad divina) (cf. Mt 26, 39).

Así pues, «Cristo posee dos voluntades [...] no opuestas, sino cooperantes, de forma que el Verbo hecho carne, en su obediencia al Padre, ha querido humanamente todo lo que ha decidido divinamente con el Padre y el Espíritu Santo para nuestra salvación» (CEC, 475)[10].

---

[9] V. g.: Decimos de alguien que «hizo su voluntad», refiriéndonos a que hizo lo que le apetecía naturalmente o guiándose simplemente por su gusto o inclinación sensible.

[10] Cf. Conc. III de Constantinopla, DS, 556-559.

3. Las acciones humanas de Jesucristo

a) La existencia de una verdadera actuación humana en Cristo

Ya hemos dicho que el monoergismo propugnaba un solo actuar de Cristo, que llamaba *teándrico* (divino-humano); de modo que su humanidad sería un instrumento pasivo sin una acción propia, como una marioneta de la divinidad. Y fue condenado en el III concilio de Constantinopla que confesó «*dos acciones naturales* en Cristo, sin división, sin conmutación, sin separación, sin confusión, en el mismo Señor nuestro Jesucristo, nuestro verdadero Dios, esto es, una operación divina y otra operación humana»[11].

Ya lo había dicho san León Magno de Jesús con ocasión del monofisismo: «Una y otra naturaleza actúa, con comunicación de la otra, lo que es propio de ella: es decir, que el Verbo obra lo que pertenece al Verbo y la carne ejecuta lo que toca a la carne»[12].

La razón es que aunque las acciones son de las personas, lo son según el principio de esas operaciones. «Y la naturaleza es el principio del actuar. Por eso en Cristo no hay una sola operación por ser un único sujeto, sino dos acciones porque son dos las naturalezas. En tanto que en la Santísima Trinidad, por el contrario, no hay más que una sola operación (y no tres) a causa de la unidad de la naturaleza»[13].

La naturaleza humana de Cristo tiene su propia forma y virtud por las que Cristo actúa del modo humano: siente, conoce, quiere libremente, etc. De ahí que la naturaleza humana tenga su propia acción distinta de la operación divina.

---

[11] Conc. III de Constantinopla, DS, 557.
[12] S. León Magno, DS, 294.
[13] S. Tomás de Aquino, *Comp. Th.,* cap. 212, n. 419; cf. *S. Th.* III, q.19, a.2 ad 3-4.

b) Las acciones humanas propias de Cristo, tanto naturales como sobrenaturales

Acciones humanas naturales. Digamos en primer lugar que Cristo en su naturaleza humana, como todo otro hombre, tiene poder para realizar las acciones naturales propias específicas («humanas»), como conocer, querer, comunicarse, alegrarse, caminar, etc.

Acciones sobrenaturales. Pero también, como todo hombre en estado de gracia, tiene la capacidad de realizar obras sobrenaturales. Evidentemente, no se trata de un poder propio de la naturaleza humana, sino de un poder participado por el Espíritu Santo, pero otorgado al hombre para que este pueda realizar libremente, por sí mismo, obras sobrenaturales; p. ej.: amar a Dios y al prójimo, orar, cumplir la voluntad divina, merecer, etc.

Así, *Jesús, como hombre lleno de gracia y de verdad*, tenía la capacidad sobrenatural de revelar al Padre y enseñarnos las palabras de Dios, así como de merecer por todos los hombres. Si no tuviéramos en cuenta esta actividad sobrenatural en Cristo, no podríamos afirmar la realidad de la obra redentora que Él llevó a cabo. En efecto, el mérito de sus obras radica en el valor de sus acciones humanas libres nacidas de su inmenso amor al Padre; e igualmente la eficacia de su intercesión por todos, etc.

Acciones propias de Cristo hombre. Todas estas acciones naturales y sobrenaturales de Cristo hombre son «*propias*» de la segunda persona de la Trinidad: no son acciones comunes con el Padre y el Espíritu Santo. Por ejemplo, quien se entrega, obedece, intercede por nosotros y merece es Cristo (aunque sean acciones que nacen de la gracia santificante).

c) Las acciones humanas de Cristo que sirven como instrumentos de la divinidad

La humanidad de Cristo, además del poder propio que posee por naturaleza o por gracia, tiene la capacidad, como toda criatura, de que Dios Uno y Trino se sirva de ella como instrumento para llevar a cabo obras por encima del poder de su naturaleza.

Así, *en el orden físico* la divinidad se sirvió de algunos gestos y palabras humanas de Jesús para producir *milagros*, que son acciones admirables que superan la capacidad de la naturaleza humana (incluso santificada por la gracia) y facilitan la fe de los testigos; p. ej.: dar la vista a ciegos, curar leprosos y paralíticos o resucitar muertos.

La teología ha conservado el nombre de *teándricas* para estas acciones de Cristo, pero en un claro sentido diverso al del monoergismo: se trata de acciones humanas que sirven de instrumento a la divinidad para realizar obras propias de la omnipotencia divina. Pero hemos de advertir que en este caso se trata de dos operaciones naturales coordinadas para producir ese efecto, no se trata de una sola operación confusa, mezcla de ambas[14]. Por ejemplo, en la curación milagrosa de un ciego hay una acción propia de la divinidad (el milagro de darle la vista) que se sirve de una acción propia de la naturaleza humana de Jesús (de sus palabras y del gesto de ungirle los ojos).

Y semejantemente *en el orden espiritual*, que es más importante, la divinidad se sirve de su humanidad para realizar obras propias de Dios, que están por encima de todo poder natural o sobrenatural de la creatura; p. ej.: perdonar los pecados (cf. Mt 9, 6) o comunicar a los hombres la vida eterna (cf. Jn 17, 2).

Así, las acciones de Cristo sirven de instrumentos de la divinidad para comunicar eficientemente la gracia y la salvación a todos los hombres de todos los tiempos[15].

---

[14] Cf. Conc. Lateranense, año 649, DS, 515.

[15] A su vez el Señor puede servirse de otros instrumentos (instrumentos separados de la divinidad, mientras la Humanidad de Cristo es el instrumento unido a la misma), como son la Iglesia, los ministros sagrados, los sacramentos, etc.

Estas acciones no son propias y exclusivas de Jesucristo, sino que en ellas actúan las tres personas divinas. En todas estas acciones la causa eficiente principal es la naturaleza y el poder divino, que el Hijo tiene en común con el Padre y el Espíritu Santo; y la humanidad de Cristo es la causa instrumental unida a la divinidad. Por tanto, también son acciones de Dios Padre y del Espíritu Santo, juntamente con el Hijo de Dios hecho hombre[16].

4. La afectividad humana de Cristo

La afectividad humana, punto de unión de lo sensible y lo espiritual en el hombre, comprende los sentimientos, emociones y pasiones. Aunque cada uno de esos términos tiene connotaciones diferentes, aquí hablaremos de ellos de una manera conjunta, según el patrimonio común del pensamiento cristiano (cf. CEC, 1763).

a) Los sentimientos y pasiones en Jesucristo

Los sentimientos o pasiones son las reacciones naturales que suscitan en nosotros las diversas realidades —tanto materiales como espirituales— que nos resultan atractivas o disgustan, que nos parecen buenas o malas. Son componentes naturales del psiquismo humano.

Y Cristo tuvo aquellos sentimientos y pasiones propios de la naturaleza humana que eran compatibles con su plenitud de gracia y que servían a nuestra redención.

---

[16] Por ejemplo, Jesús dice que los milagros que Él lleva a cabo son obras que realiza Dios Padre (cf. Jn 5, 17.19.21; 14, 10). La sagrada Escritura también señala repetidas veces y de muchas maneras que la vida sobrenatural en los hombres es obra del Espíritu Santo y también de Cristo resucitado y cabeza de la Iglesia.

Así los Evangelios nos testimonian que Cristo *amaba* a su Padre, a sus amigos, a todos y cada uno; tuvo *alegría* de las obras de su Padre (cf. Lc 10, 21) y de saberse amado por Dios Padre (cf. Jn 15, 10-11); o que tuvo *deseos ardientes* de nuestra redención (cf. Lc 12, 49-50) y de quedarse en la Eucaristía (cf. Lc 22, 15), etc.

Asimismo la Escritura nos muestra que en Cristo hubo *tristeza* al contemplar los sufrimientos de su pasión y el pecado de los suyos (cf. Mt 26, 37-38); o que tuvo *dolor interior* hasta llorar por la muerte de Lázaro o por la ruina de su pueblo (cf. Jn 11, 33-35; Lc 19, 41); o que tuvo la *ira* ante la hipocresía de algunos (cf. Mc 3, 5), etc.

Pero en Él esos sentimientos, que en sí mismos son parte de la naturaleza humana y son buenos, se dieron de distinto modo que en nosotros, pues en nosotros ordinariamente anteceden al juicio de la razón, frecuentemente tienden a lo ilícito, y a veces arrastran a la razón. En Cristo, en cambio, la razón regía y controlaba perfectamente toda su afectividad aunque dejaba que cada una de las tendencias sensibles reaccionara con su propio movimiento hacia el bien y del modo más conveniente: esos sentimientos jamás previnieron el juicio de la razón, no le impidieron la serenidad de sus juicios, ni se dirigieron a lo que no fuera bueno sino que estaban ordenados al bien, ni lo arrastraron en su actuación[17].

b) El amor humano de Cristo

En Jesús no faltó el sentimiento principal, del que derivan todos los demás, que es el amor, y que es la atracción despertada por el bien percibido por los sentidos. Pero este amor sensible se hace

---

[17] Cf. DS, 299; S. Tomás de Aquino, *S. Th.* III, q.15, aa.4-9; *Comp. Th.* cap. 232.

propiamente humano por la razón: y así el hombre es atraído y se inclina también hacia bienes espirituales más altos, y ama a otras personas, a la verdad, la felicidad, etc. Y, además, este amor propiamente humano es sobrenaturalizado por la caridad. Este amor ha sido el motor de la entera vida de Cristo, y la clave de la armonía y unidad de todo su ser: su amor y entrega al Padre y a nosotros.

El amor filial a su Padre, que lo ha enviado al mundo, resuena en todas sus palabras y resplandece en todos sus actos (cf. Jn 14, 31). Jesús vivía con todo su ser del amor y de la entrega a la voluntad de su Padre (cf. Jn 8, 29).

Y el amor por nosotros fue la prolongación de ese amor a su Padre: nos quiere como su Padre nos ama. Así nos dicen los Evangelios que quiso a los suyos (cf. Jn 13, 1; 15, 9), a los que trató como amigos (cf. Lc 12, 4; Jn 11, 11); y que «Jesús amaba a Marta, a su hermana y a Lázaro» (Jn 11, 5); al joven rico (cf. Mc 10, 21); o que mostró afecto y compasión hacia muchos. Ese amor se manifestaba exteriormente, de modo que era patente y notorio para todos (cf. Jn 11, 3.35-36).

Ese amor de Jesús no solo se dirigía a los más próximos, sino que abrazaba a todos y cada uno. El Nuevo Testamento lo certifica: «nos amó y se entregó por nosotros» (Ef 5, 2), o que «me amó y se entregó a sí mismo por mí» (Gal 2, 20).

Él nos ha amado y nos ama con su infinito amor divino, que tiene en común con el Padre y el Espíritu Santo, y también con su amor humano, que es inmenso: «nadie tiene mayor amor que el dar uno la vida por sus amigos» (Jn 15, 13). Se trata de un amor que «supera todo conocimiento» (Ef 3, 19), supera todo lo que podemos imaginar.

El sagrado Corazón de Jesús es «el principal indicador y símbolo [...] del amor con que el divino Redentor ama continuamente al eterno Padre y a todos los hombres»[18]. De ahí la devo-

---

[18] Pío XII, Enc. Haurietis aquas, DS, 3924 (cf. CEC, 478).

ción de los cristianos a contemplar este amor de Jesús tan insondable que le llevó a derramar su sangre por nosotros, y de esa contemplación nacerá el intento de corresponderle con nuestro amor y nuestra entrega.

5. Fisonomía de Jesús

En cuanto al rostro y al aspecto físico de Jesús, los Evangelios no nos han transmitido ninguna descripción directa de sus rasgos físicos, sobre su estatura, sobre el color de sus ojos o del cabello, etc. Aunque en este punto indudablemente los apóstoles debieron satisfacer la legítima curiosidad de los primeros cristianos, pronto se perdió la memoria de aquellas noticias. Por eso a lo largo de la historia se han dado múltiples opiniones sobre la fisonomía de Jesús y el arte lo ha representado innumerables veces, pero se trata de imágenes muy diversas que proceden solo de la imaginación de los cristianos.

Sin embargo, de modo indirecto la sagrada Escritura nos sugiere algunos datos que nos sirven para hacernos una idea, aunque vaga y general, del aspecto físico del Señor.

Así, podemos decir que debió tener una presencia agradable, amable y atrayente, como para que muchos acudieran a Él con facilidad o para que le llamaran «maestro bueno» (Mc 10, 17) o le llevaran niños para que les impusiera las manos, etc. San Lucas nos insinúa esto cuando dice que Jesús Niño «crecía en sabiduría, estatura y gracia delante de Dios y de los hombres» (Lc 2, 52). La «gracia» aquí tiene el sentido de benevolencia (como expresa la frase «delante de Dios *y de los hombres*»), es decir que Dios le mostraba cada día más su predilección y cada día era más atrayente, simpático y amable para los que lo conocían.

Además de ser muy inteligente, debía tener un porte y unos modales dignos que inspiraban el respeto y el afecto de personas de toda condición, tanto de la gente sencilla de las aldeas, como de personas de categoría social o intelectual elevada, tales como José de Arimatea, Nicodemo, etc. Responde a preguntas capciosas de los fariseos con rapidez, de modo muy inteligente y al mismo tiempo sin engaño alguno y con señorío.

Tenía en su interior y traslucía en su rostro una serena alegría, de la que deseaba participasen los suyos (cf. Jn 14, 27; 15, 11). Lo vemos siempre dueño de sus palabras y de sus actos. Y habitualmente en su rostro debía asomar una sonrisa sincera, incluso en ocasiones lo vemos manifiestamente feliz con el bien espiritual de las almas (cf. Lc 10, 21), y compara su vida con unas bodas en las que nadie puede estar triste (cf. Mt 9, 15).

La mirada de Jesús ordinariamente era alegre, cariñosa y profunda, de modo que llegaba al fondo de las almas. Esa mirada se manifiesta afectuosa con el joven rico (cf. Mc 10, 21), compasiva con la viuda de Naín (cf. Lc 7, 13), con pena hacia Pedro tras las negaciones (cf. Lc 22, 61). ¡Qué tendría su mirada, que removió y arrastró a Pedro, a Mateo, y a tantos otros para que le siguieran, dejando todas las cosas!

Sin embargo, el atractivo de Jesús provenía sobre todo de su interior: de su inmenso amor al Padre y a todos los hombres, de su bondad, de la sabiduría de sus palabras, y de sus milagros. Quizá Dios permitió que no nos quedara un retrato de Jesús, y que su presencia física entre nosotros finalizara con la ascensión, para que no fuéramos atraídos a Él por motivos meramente humanos sino para que nos fijáramos y lo buscáramos principalmente como nuestro Salvador y nuestro Dios.

* * *

Estas breves páginas no pretenden reflejar adecuadamente «la insondable riqueza de Cristo» (Ef 3, 8). Para conocerle sería preciso recorrer una a una todas sus virtudes y cualidades, y siempre nos quedaríamos muy lejos de la plenitud y perfección que en Él tienen y del conjunto maravillosamente armonioso y completo que todas ellas constituyen en Jesús.

Solo en el cielo nos será dado ver y conocer la amable figura de Jesús cara a cara. En la tierra nos queda la tarea personal, ayudados por su gracia, de ir descubriendo más y más cómo era y cómo es, mediante la lectura meditada de los Evangelios y del trato personal e inmediato de cada uno con Jesús en la oración y en la Santísima Eucaristía.

SEGUNDA PARTE

LA OBRA REDENTORA
DE JESUCRISTO

El misterio de Cristo comprende el misterio de su persona y el de su obra redentora en una unidad indisoluble. Jesús es el Hijo de Dios hecho hombre y, a la vez, nuestro Salvador esperado.

No se pueden separar esos dos aspectos, en primer lugar, porque la finalidad de su venida al mundo es precisamente la salvación de los hombres. Así lo confesamos en el símbolo de la fe: el Hijo de Dios «por nosotros, los hombres, y por nuestra salvación bajó del cielo». En este sentido dice san Josemaría: «No es posible separar en Cristo su ser de Dios-Hombre y su función de Redentor. El Verbo se hizo carne y vino a la tierra *ut omnes homines salvi fiant* [1 Tim 2, 4], para salvar a todos los hombres» (*Es Cristo que pasa*, 106).

Y, en segundo lugar, porque la función y la obra de Cristo como Salvador del género humano no se puede disociar de su ser de Verbo encarnado sino que, por el contrario, está en dependencia de su persona. Únicamente el Hijo de Dios puede realizar una auténtica redención del pecado del mundo: «¿Quién puede perdonar los pecados, sino solo Dios?» (Mc 2, 7). Ningún hombre, por extraordinario que fuera, sino solamente el Hijo de Dios puede librar al género humano de la muerte eterna y puede darnos la vida eterna porque Él es la Vida (cf. Jn 14, 6).

Así pues, tras haber estudiado en la primera parte el misterio de Jesucristo en sí mismo, vamos a abordar en esta segunda parte su acción redentora, teniendo siempre presente —como fundamento de su actuación— lo que ya hemos visto acerca de su persona.

Como la obra de la salvación realizada por Cristo se designa comúnmente como redención, nosotros emplearemos indistintamente esos términos, así como los de Salvador y Redentor, aunque teóricamente se puedan distinguir.

Capítulo 8
EL MISTERIO DE LA REDENCIÓN LLEVADA A CABO POR CRISTO

1. La experiencia del mal en la condición humana y los intentos de liberación

Todos los seres humanos experimentamos el desgarro entre los deseos de felicidad y la experiencia de la insatisfacción y del sufrimiento. Por eso, la humanidad busca superar esos elementos negativos y alberga una esperanza profunda de conseguir la felicidad.

De ahí que en todas las épocas los hombres hayan intentado diversas soluciones para liberarse del mal que les aqueja. Entre esos intentos humanos de salvación se encuentran las diversas religiones o filosofías (p. ej., el hinduismo, el budismo, etc.) que han pretendido dar una explicación del mal que existe en el hombre y han propuesto diversos caminos para liberarse de él. Han pensado que el origen del mal estaba en la ignorancia espiritual, o en los deseos humanos que no se pueden satisfacer, etc. Y han propuesto fórmulas para superarlo a través de buenas obras, por medio de la contemplación espiritual, o del dominio de sí, o con el intento de apagar todo deseo y liberarse de este mundo, etc.

De modo semejante el pensamiento racionalista dominante en estos últimos siglos, que afirma la independencia del hombre respecto a Dios, imagina que el ser humano puede conseguir por sí mismo su plenitud y pone la esperanza de liberación de todo mal en la ciencia, en la técnica o en el progreso social.

2. La enseñanza de la Biblia sobre la redención del hombre

a) El destino del hombre a la felicidad y el origen de los males que padece

La Palabra de Dios nos enseña que estamos destinados a bienes mucho más altos de lo que nos proponen esas tentativas humanas. Jesucristo nos ha revelado que Dios nos amó y destinó antes de la creación del mundo a una alianza con nosotros para hacernos partícipes de su vida infinitamente feliz. Por eso creó al hombre a su propia imagen, capaz de una comunión de vida con Él. Y halló que su creación era «muy buena» (Gen 1, 31).

Existe el mal, y su origen es el pecado. Aunque la creación era «buena», encontramos que la realidad de la actividad humana no es tan «buena», y «gemimos interiormente esperando la adopción de hijos, la redención de nuestro cuerpo» (Rom 8, 23). Y la Biblia nos enseña que el origen de todos estos males y sufrimientos se encuentra en el «misterio de iniquidad» (cf. 2 Tes 2, 7) que es el pecado, principalmente el original, pero también el pecado actual de los hombres (nuestro egoísmo, la dureza de corazón, la avidez de placer y de poder, la debilidad ante el mal, etc.).

Aunque la imagen de Dios en la persona humana ha quedado oscurecida y desfigurada por el pecado, nunca ha sido destruida completamente. El hombre sigue aspirando a la felicidad plena, como reconoce san Agustín: «Nos creaste, Señor, para ti; y nuestro corazón está inquieto hasta que descanse en ti»[1].

Sin embargo, *el hombre con sus solas fuerzas no puede liberarse del pecado y de sus consecuencias*, como son la privación de la gracia de Dios, la proclividad al mal, el desorden de la concupiscencia y la muerte. Por eso, aunque las tentativas humanas de liberación tienen una raíz positiva, resultan insuficientes para curar la verdadera raíz de los males que aquejan a la humanidad, y que anida en el corazón del hombre.

b) La salvación del hombre es iniciativa y obra de Dios, rico en misericordia

La salvación es obra de la iniciativa divina, pues Dios no abandonó nunca al hombre pecador, sino que, por el contrario, movido por su amor misericordioso, dispuso hacer una alianza con el género humano para asociarnos a su vida y comunicarnos su bien y liberarnos de todo mal. Esta alianza será establecida por medio de Cristo.

La Palabra de Dios nos enseña que la liberación verdadera y completa del hombre únicamente procede de Dios, y es, antes que nada, don misericordioso de Dios a los hombres, no una conquista humana. Al entregar a su Hijo para salvarnos de nuestros pecados, Dios Padre manifiesta su designio de amor benevolente que precede a todo mérito de nuestra parte: «La prueba de que Dios nos ama es que Cristo, siendo nosotros todavía pecadores, murió por nosotros» (Rom 5, 8).

---

[1] S. Agustín, *Confesiones*, 1,1,1.

c) *Principales categorías bíblicas sobre la salvación*
   que nos consigue Jesucristo

La revelación nos enseña que el Hijo de Dios hecho hombre, según el designio divino, entregó su vida para liberarnos del pecado y resucitó para comunicarnos la nueva vida (cf. Rom 4, 25; 1 Cor 15, 3). Veamos algunas explicaciones e imágenes de la sagrada Escritura acerca de cómo esos misterios de Cristo tienen eficacia salvífica para nosotros.

Redención o rescate. El valor salvador de la vida y muerte de Cristo se presenta con frecuencia en la sagrada Escritura bajo la imagen de un rescate o redención de la esclavitud del pecado: «Se entregó a sí mismo por nosotros para redimirnos de toda iniquidad» (Tit 2, 14). Él dio su vida «en rescate por muchos» (Mt 20, 28).

«Redimir» o «rescatar» es —en el lenguaje jurídico antiguo— salvar a alguien de la prisión o de la esclavitud dando algo a cambio, a modo de precio. Siguiendo esta imagen, se dice que Jesús nos salva de la esclavitud del pecado, del diablo y de la muerte, dando su vida por nosotros: «Habéis sido rescatados [...] no con bienes corruptibles, plata u oro, sino con la sangre preciosa de Cristo» (1 Pe 1, 18-19).

Liberación. Unido a la imagen del rescate está la idea de una «liberación» de la esclavitud del pecado y de sus consecuencias: «Para esta libertad Cristo nos ha liberado» (Gal 5, 1), hasta llegar a completa liberación de todo mal en el cielo, donde encontraremos «la libertad gloriosa de los hijos de Dios» (Rom 8, 21).

«Liberar» es salvar de un mal que esclaviza sin especificar el modo; mientras que el concepto de «redimir» añade el matiz de dar algo a cambio.

Sacrificio. El Nuevo Testamento presenta también la vida y la muerte de Cristo en la cruz bajo la imagen de un sacrificio que nos hace propicio a Dios: «Cristo nos amó y se entregó por nosotros en oblación y sacrificio de suave olor ante Dios» (Ef 5, 2).

Sacrificio es la ofrenda que se hace a Dios para entrar en comunión con Él. Y Jesús ofrece a su Padre, como cabeza de la humanidad, la entrega rendida de su vida con el fin de devolver al hombre la comunión con Dios: «Esta es mi sangre de la nueva alianza, que es derramada por muchos para la remisión de los pecados» (Mt 26, 28).

La Escritura presenta también muchas otras imágenes para referirse al modo como Cristo nos libera del pecado. Por ejemplo, la de una *victoria* sobre el demonio, sobre el pecado y la muerte; o la de una *reconciliación* de los hombres con Dios, pues el pecado es ruptura de la unión con Dios, como un enemistarnos con Él; etc.

3. Las enseñanzas del Magisterio de la Iglesia y de la Tradición patrística

a) El dogma y enseñanzas del Magisterio de la Iglesia

Así como para la encarnación del Verbo y la unión hipostática la Iglesia ha definido algunos dogmas en diversos concilios ecuménicos, fijando con claridad algunos puntos importantes de la fe, no sucede lo mismo respecto a la doctrina de la salvación obrada por Cristo. No ha habido ninguna definición dogmática sobre este tema, y el magisterio autorizado de la Iglesia sobre esta cuestión es muy escaso.

El Magisterio de la Iglesia ha empleado habitualmente las imágenes y categorías bíblicas sin más explicaciones (p. ej., el Hijo de Dios se hizo hombre para nuestra salvación; somos redimidos por la muerte de Cristo; Él salva al género humano con su sangre, etc.). También ha usado categorías más teológicas, pero pocas veces y no de modo definitorio.

Los símbolos de la fe resaltan el carácter salvífico de toda la vida de Cristo y su finalidad, que es «nuestra salvación»: el Hijo de Dios se hizo hombre, nació, padeció, fue crucificado, resucitó... por nosotros los hombres y por nuestra salvación[2].

En el período patrístico aparecen en *el Magisterio de la Iglesia* expresiones como: Cristo murió para «reparar la naturaleza perdida por Adán» o para sanar a todos los hombres del pecado original y de sus consecuencias[3].

A partir del siglo xv aparece a la noción de «mérito» aplicada a la obra redentora; y el concilio de Trento (siglo xvi) habla autorizadamente del mérito de Cristo al que añade la «satisfacción» de nuestros pecados[4].

En los siglos posteriores no ha habido ningún progreso significativo en el Magisterio eclesiástico, y solo hay algunas referencias a enseñanzas ya expuestas por la Iglesia sobre el mérito y la satisfacción de Cristo, sin explicitar apenas su contenido.

Y el *Catecismo de la Iglesia* recoge a la vez todas esas categorías mencionadas: redención, liberación, sacrificio, expiación, satisfacción, mérito, etc., aunque da primacía a la imagen de sacrificio[5].

El hecho de la ausencia de definiciones y la escasez de enseñanzas de la Iglesia, así como el carácter mistérico de la reden-

---

[2] Así, por ejemplo, el Símbolo Niceno-Constantinopolitano (DS, 150) o el *Quicumque* (DS, 76).

[3] Cf. CONC. II DE ORANGE, DS, 391.

[4] Cf. CONC. DE TRENTO, DS, 1529. Estos temas los veremos más adelante. Este concilio, de una manera indirecta, hablando de la Misa, también se refiere al carácter «propiciatorio» de la pasión y muerte de Cristo.

[5] Cf. CEC, 600-623.

ción, explican la diversidad de planteamientos y opiniones que se han dado históricamente sobre la obra salvífica de Cristo.

b) Principales explicaciones o enfoques de la Tradición patrística

Al tratar de la obra de la salvación, los Padres de la Iglesia emplearon las imágenes y la terminología del Nuevo Testamento, pero, además, fueron desarrollando diversas explicaciones de la obra de Cristo. Veamos solamente las líneas más generales.

La divinización del hombre, en los Padres orientales. Los Padres griegos subrayan que Cristo ha venido a comunicarnos la semejanza con Dios que habíamos perdido con el pecado. Subrayan que el Verbo, *con su misma encarnación* santifica todo lo que toca. El Verbo se desposó con nuestra naturaleza y, con esa unión, *nos diviniza.* En este sentido san Atanasio y otros Padres orientales emplean con gusto la imagen del «intercambio»: el Verbo se ha hecho partícipe de lo nuestro, de la humanidad, para hacernos partícipes de lo suyo, la divinidad.

Los Padres griegos se fijan sobre todo al *aspecto descendente de la salvación*, como don misericordioso y gratuito de Dios, que nos entrega a su mismo Hijo y nos salva. Aunque no dejan de señalar también el valor salvífico de la muerte y resurrección de Cristo.

El sacrificio redentor, en los Padres occidentales. Los Padres latinos se fijan sobre todo al *aspecto ascendente de la salvación*, es decir, en la obra realizada por Cristo como cabeza nuestra, en nombre de toda la humanidad, para ganarnos la salvación y reparar el pecado. San Ambrosio, san Agustín y otros Padres occidentales subrayan especialmente que Cristo, como cabeza nuestra, ofrece a su Padre *el sacrificio* perfecto de su vida —que se consuma *en su pasión y muerte*— para reparar nuestro pecado y reconciliarnos con Dios.

Aunque señalan también claramente que la redención es pura gracia, acentúan más *la acción de Cristo para reparar el pecado y obtenernos la reconciliación con Dios.*

4. Cómo entender algunos términos empleados en sentido figurado

a) El sentido teológico de las expresiones analógicas y figuradas que se aplican a Dios

A causa de la sublimidad y trascendencia de lo divino, la sagrada Escritura y la Tradición han usado imágenes y conceptos humanos que se aplican a Dios en razón de alguna semejanza, de lo contrario no podríamos conocer ni decir nada acerca de Dios que está por encima de todo y es distinto de lo que conocemos por medio de nuestros sentidos. Así pues, la sagrada Escritura y la Tradición se sirven de ejemplos tomados de las relaciones humanas para ilustrar la obra salvadora; v. g.: términos como los de ofensa y perdón, castigo y satisfacción, rescate y precio, esclavitud y libertad, enemistad y reconciliación, etc.

Al interpretar esas expresiones, que son totalmente legítimas, no podemos dejarnos llevar de impresiones inmediatas demasiado humanas que nos conduzcan a sacar consecuencias equivocadas. Hay que entender bien el sentido de esos términos que atribuimos a Dios, pues se usan solo según una analogía con lo humano y no en sentido unívoco: no podemos imaginar a Dios al modo humano, pues Él no es como nosotros: «*Soy Dios, no hombre*» (Os 11, 9).

Por ejemplo, los conceptos que encierran en sí mismos alguna imperfección no se atribuyen a Dios propiamente sino solo en sentido figurado. Es el caso de atribuir pasiones a Dios (como la ira o la venganza); o lo que supone falta de bondad (como odiar o causar el mal a alguien); o lo que supone falta de providencia (como no proteger o abandonar a alguien); o lo que supone que Dios sufre algún mal o daño (como ser agraviado o ser ofendido por el pecado); o lo que supone un cambio en Dios (como arrepentirse o perdonar); etc.

Concretamente, cuando el hombre por el pecado se aparta de Dios, se dice *en sentido figurado* que el Señor se ha airado o enemistado con el pecador por la ofensa recibida, y que por eso lo castiga con la privación de su gracia, que es signo de su amor y su amistad. Y por el contrario, si Dios después concede su gracia al hombre y lo regenera espiritualmente, se dice que lo ha perdonado o se ha aplacado o que se ha reconciliado con él. Pero hemos de tener siempre presente que ese tipo de expresiones no se emplean en un sentido propio sino solo figurado.

b) La interpretación de algunas categorías soteriológicas: el pecado y su reparación

El pecado y la ofensa a Dios. El pecado es un acto desordenado de nuestra voluntad que se aparta de Dios, nuestro bien, por un apego perverso a ciertos bienes: *es un acto malo, un desorden que está en nosotros.* Es «amor de sí hasta el desprecio de Dios»[6].

Por tanto, cuando decimos figuradamente que es una «ofensa a Dios» (o rebelión contra Dios o desprecio a Dios) significamos que el pecado es una acción nuestra contraria a lo que Dios quiere de nosotros y al amor a Dios; significamos que el hombre prefiere su egoísmo a Dios, infinitamente bueno, y esto constituye como un menosprecio u ofensa a Él.

---

[6] S. Agustín, *De civitate Dei*, 1,14,28.

Pero *no significamos que es un mal inferido a Dios* o que Él haya sufrido algún menoscabo o que se le haya causado algún daño o que haya disminuido su felicidad. La Iglesia ha sostenido siempre —y de modo solemne[7]— la inmutabilidad de Dios, que no puede cambiar: no puede disminuir, ni sufrir.

El mal producido por el pecado solo se da en la criatura, que yerra y, sobre todo, se aparta de Dios, que es su bien. Así habla el Señor a su pueblo infiel: «¿Pero acaso me ofenden a mí, no es más bien a ellos mismos, para su vergüenza?» (Jer 7, 19). Y Jesús a Saulo perseguidor: «Dura cosa es para ti dar coces contra el aguijón» (Hch 26, 14)[8].

La reparación del pecado. La reparación del pecado consiste en la liberación del desorden, del mal introducido en el hombre; *es sanar o restaurar o renovar al hombre caído* según la imagen de Dios en la que fue creado. Concretamente, la reparación del pecado consiste en la conversión del hombre a Dios (por el amor a Dios y el arrepentimiento del pecado) mediante la gracia que lo une de nuevo a Dios y borra así la culpa del pecado; y también comprende la eliminación de las penalidades que el pecado lleva consigo.

El Magisterio de la Iglesia ha enseñado que Cristo murió para reparar la naturaleza dañada por Adán o para reparar al hombre caído, para restaurar al género humano, para levantar la naturaleza humana caída, para salvar al hombre del pecado, y liberarnos de sus consecuencias, del dolor y la muerte[9].

Como dice la Comisión Teológica Internacional, no se trata de reparar algún mal, daño u ofensa que el pecado haya causado

---

[7] P. ej., Conc. Lateranense IV, DS, 800; Conc. Vaticano I, DS, 3001.

[8] El «aguijón» es un espolón de hierro que llevaban los carros de guerra griegos y romanos. Si un caballo da coces contra el aguijón solo consigue lastimarse.

[9] Cf. DS, 293; 391; 389; 4103; GS, 45; etc.

en el ser divino y, por tanto, la obra redentora no consiste en una compensación ofrecida a Dios por parte del pecador[10].

De modo semejante hay que entender otras expresiones que se han empleado para describir la obra redentora de Cristo, como: el perdón del pecado, la reconciliación con Dios, el aplacar la ira divina, etc. *Esas expresiones no significan que Dios cambie de actitud para con nosotros a causa de algo que el hombre pueda hacer o darle.* Como Él mismo dice: «Yo soy el Señor, y no cambio» (Mal 3, 6). Dios no es un hombre para volverse atrás (cf. Num 23, 19), no pasa del amor al odio hacia el que pecó, ni cambia desde la ira a la amistad con el que se arrepintió. Dios es amor y nunca ha dejado ni dejará de amarnos, aunque hayamos pecado.

Esas expresiones mencionadas son diversos modos figurados de expresar el hecho de que Dios retira su gracia del hombre que voluntariamente se apartó de Él (y decimos que «se aira» con él); o bien que Dios concede al hombre una gracia —efecto de su amor— que le hace partícipe de la vida divina y quita el desorden del pecado (y decimos que «le perdona»). *Pero Dios no cambia, lo que cambia es el hombre.*

5. Algunas interpretaciones históricas deficientes sobre la redención

Un breve repaso de algunas de las principales teorías incompletas o erróneas sobre la redención nos servirá para clarificar algunos conceptos y entender un poco más este misterio.

---

[10] Cf. Comisión Teológica Internacional, *Cuestiones selectas sobre Dios Redentor* (1994), en *Documentos 1969-1996*, BAC, pp. 511-512; 527.

a) Los derechos del demonio

En la época patrística, a partir de la imagen revelada de la obra de Cristo como «redención» o «rescate», algunos escritores cristianos sostuvieron una teoría que se ha conocido después como «*los derechos del demonio*»[11]. Según estos autores, al cometer el pecado de origen, el hombre voluntariamente se habría hecho esclavo del demonio. La sangre de Jesús sería el rescate, el precio, pagado al demonio para librar al hombre de esa esclavitud.

Esta teoría de los primeros siglos fue combatida por san Gregorio de Nacianzo, y desde entonces fue unánimemente rechazada como errónea, ya que interpreta la «redención» según los usos humanos de aquel tiempo (como una «re-compra», con alguien que paga —Cristo—, y alguien a quien se paga —al demonio— para conseguir la liberación del hombre), y es una teoría o interpretación ajena a la unidad de toda la Escritura: p. ej., en cuanto al poder del demonio, que parece tener derechos absolutos sobre nosotros.

b) La interpretación jurídica de la satisfacción, según san Anselmo de Cantorbery: Cristo repara el honor divino en lugar nuestro

San Anselmo de Cantorbery (siglo XI-XII) realiza la primera sistematización sobre la redención de Cristo. Este autor considera a Dios como Señor soberano, cuyo honor es ofendido por el pecado. Ante esta ofensa, el orden de la justicia divina exige con todo rigor la reparación voluntaria adecuada (*satisfacción*) o bien el castigo del pecador. Ahora bien, la deuda era tan grande,

---

[11] Sostuvieron esta teoría SAN IRENEO, ORÍGENES y SAN GREGORIO DE NISA.

infinita por ser Dios el ofendido, que no debiendo pagarla sino el hombre, y no pudiendo pagarla sino Dios, tenía que ser un hombre que a la vez fuera Dios quien satisficiera al honor divino herido. Para eso, Dios mismo provee a la restauración del orden quebrantado dándonos a su Hijo para que, hecho hombre, pueda ofrecer esa satisfacción de valor infinito, y así libere a la humanidad de sufrir la pena debida por el pecado.

Es una interpretación que ha influido mucho en la teología posterior, hasta el siglo XX, pero es bastante deficiente y demasiado jurídica. Tiene una concepción muy humana del pecado como ofensa inferida a Dios, imagina un Dios necesitado de recibir una compensación por parte del hombre, y concibe una justicia divina tal que obliga al mismo Dios a exigir su honor y sus derechos[12].

c) La redención como sustitución penal, según los reformadores protestantes: Cristo nos sustituye en el castigo del pecado

Los reformadores protestantes pensaron que el pecado había corrompido totalmente la naturaleza humana de modo irreformable, y que la salvación consiste simplemente en que Dios no nos imputa el pecado si nosotros tenemos fe y confianza en Cristo. Es decir, el perdón del pecado no implicaría ningún cambio real en el pecador, sino que *la salvación estaría en el*

---

[12]   Hay que entender que la justicia divina no es conmutativa y no impone ninguna exigencia a Dios, sino que es justicia distributiva que se muestra en al dar al hombre lo que es conforme a su naturaleza y lo que necesita para alcanzar su fin. Dios nos concede esos dones siguiendo el dictado de su sabiduría y según la libre decisión de su voluntad buena e incondicionada (cf. *S. Th.* I, q.21, a.1). Por ejemplo, san Pablo dice a los romanos que la justicia de Dios se manifiesta unas veces en el castigo de la culpa para la enmienda del que pecó, pero otras veces se manifiesta en la justificación gratuita del pecador mediante la fe en Cristo Jesús.

cambio de consideración de Dios respecto a nosotros: de estar airado por el pecado, Dios dejaría de estar enfadado con nosotros en atención a Cristo[13].

¿Y qué ha hecho Cristo para conseguir ese perdón? La respuesta de los reformadores es que Cristo ha satisfecho por nosotros. Los reformadores retomaron la teoría de la satisfacción pero no distinguieron, como había hecho san Anselmo, entre las alternativas de satisfacción o castigo. Para Lutero, *la satisfacción tiene lugar precisamente mediante un castigo*. Los hombres al pecar hemos caído bajo la ira de Dios. Cristo, según su interpretación de san Pablo (cf. Gal 3, 13), tomó sobre sí no solo las consecuencias del pecado sino el pecado mismo: Cristo se hizo maldito y cayó así bajo la ira divina.

La muerte en la cruz es el *castigo* infligido por Dios Padre a su Hijo *en lugar nuestro* (muchos reformadores añaden que Jesús no solo murió como pecador, sino que también bajó al infierno y sufrió las penas de los condenados). De este modo quedamos dispensados de todo castigo porque Cristo ya ha pagado plenamente la deuda debida a Dios. Así pues, Cristo nos redime por medio de una «*sustitución penal*»: toma nuestro lugar como reo y es castigado por Dios en lugar nuestro. Y con este castigo se aplaca la cólera divina.

Esta teoría ha influido mucho entre los protestantes y se ha infiltrado también entre los católicos, pero es claramente errónea, pues interpreta de un modo muy jurídico-penal la reparación del pecado (así como los conceptos bíblicos de justicia divina, de la ira de Dios, etc.), y presenta a Dios no como Padre que ama a su Hijo o que nos ama a nosotros aun siendo pecadores (cf. Rom 5, 8), sino como un soberano vindicativo que exige por encima de todo la reparación de su honor ofendido

---

[13] Aquí habría que argüirles dos cosas: la primera, que Dios no cambia, y la segunda, que la gracia es santificante, de modo que transforma realmente al hombre borrando el pecado y haciéndole santo e hijo de Dios.

mediante el castigo del culpable; y, además, es un soberano injusto pues condena a muerte al inocente en lugar del culpable.

d) Explicaciones nacidas del subjetivismo moderno: Cristo, maestro liberador

Teorías nacidas de un planteamiento subjetivista. A muchas personas de nuestro tiempo se les hace difícil entender algunas expresiones de la doctrina cristológica que nacieron en una cultura muy distinta; tales como: redención, satisfacción, expiación, etc. Las rechazan como algo que no se corresponden con la imagen de un Dios Padre amoroso.

De este modo han surgido otras teorías que proponen a Cristo como el maestro y ejemplo de vida, que nos enseña principalmente una experiencia religiosa de dependencia de Dios, de intimidad y confianza filial en Él.

Pero, según estas propuestas, el influjo de Jesús en los hombres es solo moral, de modo que la salvación no nos viene objetivamente de Él, sino que somos los hombres quienes nos redimimos *autónomamente*, siguiendo a Cristo. Así, ven su muerte simplemente como el símbolo supremo del esfuerzo de la humanidad para alcanzar la liberación del mal.

Teologías de la liberación. Dentro de esa corriente subjetivista ha habido quienes han pensado que Cristo sería el modelo de lucha contra las estructuras sociales injustas. Son las *teologías de la liberación*, entre las que se encuentran algunas inspiradas en el marxismo. Estas teorías reducen el origen del mal a una injusta distribución de la riqueza, y cifran la liberación de la humanidad en la reforma política y social, y frecuentemente propugnan métodos violentos. Cristo, víctima del sistema, habría sido el ejemplo para rechazar estructuras injustas establecidas por los poderosos.

Estas teorías no tienen en cuenta que el mal es más profundo que eso, y que no puede ser derrotado plenamente por esas reformas exteriores puesto que tiene su fuente en el corazón del hombre: son los corazones los que tienen que ser transformados primeramente con la gracia, y después con la rectitud y la caridad se podrá remediar la injusticia social.

6. A modo de cuadro general de la obra de Cristo

a) La salvación del hombre nace del amor misericordioso de Dios. Tiene prioridad la dimensión descendente de la obra salvífica

La redención es una iniciativa del inmenso amor divino y es Dios mismo quien la lleva a cabo —por medio de Jesucristo— quitando el obstáculo interpuesto entre Él y nosotros, con el fin de restablecer su alianza con el hombre y hacernos partícipes de su vida feliz.

La redención es ante todo una intervención de Dios en la historia de los hombres: Dios, que es rico en misericordia, por el gran amor con que nos amó (cf. Ef 2, 4), nos ha dado a su Hijo para comunicar a los hombres los dones de la salvación: «Tanto amó Dios al mundo que dio su Hijo único para que todo el que crea en él no perezca» (Jn 3, 16).

Aquí, en este movimiento descendente de la acción de Dios que viene a salvarnos entran las categorías de *redención, rescate, liberación y victoria sobre el demonio.* Cristo, enviado por su Padre, nos redime, nos libera del pecado y de la muerte y vence al maligno.

b) Según el sapientísimo plan de Dios, el hombre también debe colaborar en su salvación. La obra salvífica incluye también una dimensión ascendente

Según el sapientísimo y justísimo plan divino, el hombre, para liberarse del pecado cometido, debe poner algo de su parte: tiene que arrepentirse de él y reparar el desorden que este introdujo en toda la naturaleza humana: tiene que volver al amor de Dios por encima del amor a sí mismo y entregarse a la voluntad divina con renuncia a sí mismo, a la propia voluntad que le apartó de Dios.

Sin embargo, nadie puede reparar el pecado en sí mismo, pues para ello hace falta la gracia de Dios, que el hombre no tiene por sí. Y, aun contando con la gratuita ayuda divina, ningún hombre podría reparar el desorden existente en todo el género humano. En efecto, la penitencia de Adán o la de otro hombre, aunque fuera muy santo, quizás pudiera corregir el propio desorden interior, pero no podría impedir la enfermedad y su muerte; y mucho menos podría liberar a todos y cada uno de los seres humanos de las consecuencias del pecado de origen y de los pecados personales (cf. CEC, 616).

Por eso, Dios mismo envió su Hijo al mundo para que —como nuevo Adán— viviera una entrega total al Padre y nos mereciera la gracia santificante. Este es el aspecto *ascendente* de la redención, realizado por Cristo.

Aquí, en este movimiento ascendente de la acción salvífica de Jesús, por la que nos consigue la salvación, entran las categorías de *mérito, satisfacción, expiación, sacrificio y propiciación.*

c) La obra de Cristo concilia los aspectos descendente y ascendente de la salvación

Dice san Juan: «En esto consiste el amor [...] en que Él nos amó y nos envió a su Hijo como propiciación por nuestros pecados» (1 Jn 4, 10.19), es decir, la salvación es un misterio del amor misericordioso de Dios, que nos da al Salvador, pero comprende también la obra que lleva a cabo Cristo: su propiciación ante el Padre en favor de los hombres.

Y el Catecismo de la Iglesia, al hablar del sacrificio de Cristo, lo expresa así: «Ante todo es un don de Dios Padre que entrega al Hijo para reconciliarnos consigo. Al mismo tiempo es ofrenda del Hijo de Dios hecho hombre que, libremente y por amor, ofrece su vida a su Padre por medio del Espíritu Santo, para reparar nuestra desobediencia» (CEC, 614).

Así pues, la obra de Cristo concilia los aspectos descendente y ascendente de la salvación: es principalmente misericordia y don divinos, pero comprende también la respuesta por parte de la humanidad. De esta manera brilla más la misericordia de Dios, pues no solo nos libera gratuitamente, sino que lo hace del modo más sabio y conveniente para nosotros, pues resulta más digno para los hombres conseguir la liberación como algo obtenido de alguna manera por sí mismos que recibirla simplemente como don. Por eso Dios nos dio a su Hijo para que mereciera por nosotros[14].

La sagrada Escritura afirma que «Jesucristo, el Hijo de Dios [...] no fue sí y no, sino que en Él no hubo más que sí; pues todas las promesas hechas por Dios han tenido su sí en Él. Y por eso también decimos por su mediación 'Amén' a Dios, para su gloria» (2 Cor 1, 19-20; cf. Ap 3, 14). Jesucristo —enviado por el Padre— es el «sí» de Dios, de su amor fiel para salvarnos, a pesar del pecado del hombre. Y, por otra parte, Jesús es el «Amén» de los hombres, quien asiente en nombre de ellos a la alianza de amor que Dios propone: Él aúna los aspectos descendente y ascendente de la mediación.

d) La salvación es un verdadero misterio que supera toda comprensión

Debemos dar su auténtico sentido al vocabulario cristiano que empleamos, y hemos de purificar las palabras que pudieran

---

[14] Cf. *S. Th.* III, q.46, a.1, ad 3; III, q.46, a.2, ad 3.

estar «contaminadas», ya que una mala inteligencia de los términos bíblicos o tradicionales puede llevar al error. Puede suceder que, con la intención de comunicar la verdad sobre la redención y empleando un lenguaje correcto para una mentalidad antigua (p.ej., honor divino, satisfacción, justicia, expiación, pena, castigo, etc.), nuestros interlocutores (debido a su formación, mentalidad y lenguaje) reciban unas ideas que no responden a la verdadera sustancia del Evangelio de Jesucristo[15].

Pero también hemos de considerar que nunca podremos convertir las enseñanzas de la Iglesia en algo fácilmente comprensible. La fe siempre conserva alguna oscuridad que no quita firmeza a su adhesión. Concretamente, la salvación es un misterio profundo que excede totalmente nuestro entendimiento, y solo en muy pequeña parte podemos comprender.

---

[15] Cf. Papa Francisco, Exh. Past. *Evangelii gaudium*, 41.

Capítulo 9
CRISTO, MEDIADOR DE LA NUEVA ALIANZA Y CABEZA DEL GÉNERO HUMANO

Dios decidió restablecer la comunión de vida con los hombres, rota por el pecado, mediante la encarnación de su Hijo. Así pues, la salvación se realiza «por medio de» la obra de su Hijo hecho hombre. La acción de Jesucristo es pues una mediación y Él es el mediador. Por eso las oraciones litúrgicas, que habitualmente se dirigen al Padre, acaban con la fórmula «*Per Dominum Nostrum Iesum Christum...*» («Por Nuestro Señor Jesucristo...»).

Y antes de considerar las acciones por las que Cristo nos libera del pecado y nos lleva a la unión con Dios, conviene ver qué tiene que ver Jesús con nosotros, por qué sus actos nos afectan. Vamos a ver, pues, que Jesús es y actúa como mediador y cabeza del género humano; por eso sus acciones pueden servir a nuestra salvación.

1. Jesucristo es el mediador de la nueva alianza entre Dios y los hombres

a) Jesucristo es mediador entre Dios y los hombres

El nombre de mediador. Mediador es nombre de oficio, y se aplica a quien hace de medio entre los que están separados para reconciliarlos o para unirlos de alguna forma.

La sagrada Escritura considera mediadores a los Patriarcas, a Moisés (cf. Dt 5, 5; Gal 3, 19) y a otros enviados por Dios para instituir la alianza entre Él y su pueblo, o para mantenerla viva o rehacerla cuando ha sido rota.

En la economía divina, que es de la condescendencia y comunicación de Dios a los hombres, los mediadores son primariamente representantes de Dios para con el pueblo (y no del pueblo ante el Señor). En efecto, Dios se sirve de algunos hombres a los que ha elegido como instrumentos y les ha conferido especiales dones y autoridad sobre los demás. La alianza y la salvación vienen de lo alto; no es conquista del hombre. Pero, secundariamente, se pide al mediador que corrobore esa alianza como representante de los hombres.

La mediación comprende un doble movimiento y un doble paso: el movimiento y el paso de Dios al hombre en primer lugar, pero también el movimiento y el paso del hombre a Dios.

Jesucristo, mediador entre Dios y los hombres. El Nuevo Testamento aplica el título de mediador a Cristo, enviado por su Padre para reconciliar consigo al mundo y establecer una alianza entre Dios y la humanidad que, por el pecado, estaba separada de la intimidad divina. «Uno solo es Dios y uno solo también el *mediador entre Dios y los hombres*: Jesucristo hombre, que se entregó a sí mismo en redención de todos» (1 Tim 2, 5-6)[1].

---

[1] Cf. también, Heb 8, 6; 9, 15; 12, 24.

La sagrada Escritura también enseña esta misma realidad empleando otras muchas expresiones: Cristo es el único camino para ir al Padre (cf. Jn 14, 6-9), aquel por quien tenemos acceso a Dios (cf. Ef 2, 18), por quien nos reconciliamos con Dios (cf. 2 Cor 5, 18-21), etc.

b) Cristo es el «único mediador» entre Dios y los hombres

Cristo es el único mediador. Solo Cristo une verdaderamente a los hombres con Dios, en cuanto que por su sacrificio nos reconcilió con Dios, y nos redimió del pecado que nos separaba de Él. «*Uno solo es el mediador* entre Dios y los hombres: Jesucristo hombre» (1 Tim 2, 5). O como Él mismo decía: «Nadie va al Padre sino por mí» (Jn 14, 6).

Por eso el Magisterio de la Iglesia califica a Jesucristo como «único» y «verdadero» mediador entre Dios y los hombres[2].

Hay otros mediadores entre Dios y los hombres, pero subordinados a Cristo y partícipes de su mediación. Es muy congruente con el plan de la providencia divina que las criaturas participen como causas segundas en la economía de la creación y de la salvación. Así, es lógico que haya otros mediadores que desempeñen algún papel en la obra salvífica.

Sin embargo, esos otros mediadores no causan por sí mismos la reconciliación del hombre con Dios, solo cooperan dispositiva o instrumentalmente a esa unión. Únicamente Cristo por sí mismo repara el pecado y nos comunica la vida divina.

Todas las otras mediaciones participan de la mediación de Cristo Jesús y dependen de ella: existen en virtud de la gracia y los dones que provienen de su obra redentora. Y, además, están ordenadas a Cristo, pues su fin es llevar a los hombres a la unión

---

[2] Cf. LG, 8, 62; AG, 3; Juan Pablo II, Decl. *Dominus Iesus,* 13-15; etc.

con el Salvador del género humano y así participen de la salvación que Él nos da[3].

En este sentido subordinado hay otros mediadores en grados distintos: en primer lugar la Virgen María mediadora de todas las gracias; los ángeles, los santos, los sacerdotes, los padres, etc. Todos los cristianos deben ser mediadores en Cristo Jesús: deben ser instrumentos para la salvación de los demás conduciéndolos a la unión con el Salvador.

c) Cristo es mediador de la «nueva y eterna alianza»

Es mediador de una «alianza más excelsa» o de la «nueva alianza» (cf. Heb 8, 6; 9, 15). Las anteriores alianzas entre Dios y la humanidad eran parciales e imperfectas, pues no hacían a los hombres partícipes de la intimidad divina, ni tenían el poder de quitar el pecado. En cambio, Jesús nos revela plenamente al Padre, quita el pecado del mundo y establece la verdadera comunión de vida entre Dios y los hombres: «La ley fue dada por medio de Moisés, pero la gracia y la verdad vinieron por Cristo Jesús» (Jn 1, 17).

La mediación de Cristo no consiste solo en la obra que llevó a cabo en la tierra, sino que comprende también la que realiza en el cielo: es el mediador de la *alianza eterna* y definitiva, que comienza en este mundo y continuará de modo perfecto en la eternidad.

d) Jesucristo es mediador en cuanto hombre

Así lo enseña explícitamente la revelación: «Uno solo es el mediador entre Dios y los hombres: *Jesucristo hombre, que se entregó a sí mismo en redención de todos*» (1 Tim 2, 5-6).

---

[3] Cf. LG, 62.

Ser mediador implica dos cosas: En primer lugar, que una persona de algún modo tenga condición de medio entre los que hay que reconciliar: para eso debe ser distinto de ellos y, a la vez, debe tener alguna relación con cada una de las partes. Y en segundo lugar, que intervenga efectivamente con su acción para reconciliar los que están separados.

Evidentemente, Cristo en cuanto Dios no tiene condición de medio, pues no difiere del Padre ni del Espíritu Santo ni en naturaleza ni en poder salvador. Y tampoco es medio entre Dios y los hombres simplemente por el hecho de ser hombre.

Jesucristo tiene condición de medio en cuanto es hombre lleno de gracia y en cuanto que con su entrega nos reconcilia con Dios. En efecto, en virtud de su naturaleza humana es inferior al Padre (cf. Jn 14, 28), y a causa de la plenitud de gracia está encima de todos los demás: por esto tiene razón de medio. Y con su actuación humana, vivificada por esa plenitud de gracia y de caridad, merece para todo el género humano la reconciliación con Dios. De ahí que «de su plenitud todos recibimos gracia sobre gracia» (Jn 1, 16)[4].

Ahora bien, sabemos que el fundamento de la plenitud de gracia y de caridad de Cristo, por las que Él está por encima de todos y por las que se entregó por nosotros, es la unión hipostática (la unión de la naturaleza humana con la divina), que es el *fundamento de su condición de mediador*; de modo que si Cristo no fuera Dios hecho hombre, no tendría la plenitud de gracia y, por tanto, no sería nuestro mediador.

2. Cristo media entre Dios y los hombres como sacerdote, maestro y pastor

¿Cómo ejerce Cristo su mediación entre Dios y los hombres? Para describir el modo cómo ejerce esta mediación se suelen

---

[4] Cf. *S. Th*. III, q.26, a.2; III, q.7, a.1.

exponer los diversos oficios con los que lleva a cabo nuestra salvación: como sacerdote, como maestro (o profeta) y como pastor (rey o Señor). Esta enumeración es sobre todo descriptiva y resulta útil para distinguir diversos aspectos de la obra de Cristo. Veamos estos puntos.

a) Jesucristo, sacerdote de la nueva alianza

La noción de sacerdote. «Todo sumo sacerdote, escogido entre los hombres, está constituido en favor de los hombres en lo que se refiere a Dios, para ofrecer dones y sacrificios por los pecados; y puede sentir compasión hacia los ignorantes y extraviados, por estar también él envuelto en debilidad [...] Y nadie se arroga tal dignidad, sino el que es llamado por Dios, lo mismo que Aarón» (Heb 5, 1-4).

Las características propias del sacerdote que señala ese texto son: en primer lugar, pertenecer al linaje humano y haber sido «escogido o asumido» por Dios de entre los demás hombres por una cierta consagración. En segundo lugar, estar destinado para mediar ante Dios por los demás. En tercer lugar, el acto específico del sacerdote que es ofrecer el sacrificio para reparar el pecado y así reconciliar a los hombres con Dios (cf. también Heb 8, 3). En cuarto lugar, se señalan allí también algunos requisitos: la vocación divina y algunas cualidades morales como la misericordia, la humildad, etc.

Así pues, el sacerdote es un mediador entre Dios y los hombres. Sin embargo, el término «mediador» es más amplio que el de «sacerdote», pues no toda mediación es un sacerdocio (p. ej., la mediación de los profetas en la revelación, la de los reyes en el gobierno de la sociedad, etc.). *El sacerdocio expresa principalmente la mediación ascendente* que tiene como objeto «lo que se refiere a Dios» (Heb 5, 1), intervenir ante Dios para reconciliar a los hombres con Él.

El sacerdote ejerce su misión mediadora en primer lugar ofreciendo sacrificios para reconciliarnos con Dios, y también orando e intercediendo por el pueblo. Pero también comprende la mediación descendente, pues debe comunicar a los hombres los dones de Dios: su palabra y sus dones.

Jesucristo es sacerdote. La Carta a los Hebreos da a Jesús el nombre de sacerdote y de sumo sacerdote de la nueva alianza; afirma que su sacerdocio es distinto y superior al levítico; que su sacerdocio es eterno; y presenta su obra como una mediación sacerdotal[5].

Cristo ejerce su sacerdocio ofreciendo a Dios oraciones por nosotros y el sacrificio de su vida que nos reconcilia con Dios, y, por otra parte, transmitiendo a los hombres los dones divinos, como son la gracia y la revelación.

Por tanto, el sacerdocio de Cristo coincide con la mediación que hemos estudiado, aunque subraya más el aspecto ascendente de esa mediación. Por tanto:

—Él es el *sacerdote de la nueva y eterna alianza* que establece la comunión definitiva de vida entre Dios y los hombres destinada a su perfección en la eternidad. La mediación sacerdotal de Cristo se da en la tierra, especialmente con el sacrificio de su vida en la cruz, y continúa activa en el cielo: por su misterio pascual entró en el santuario verdadero, en el cielo (cf. Heb 9, 11ss), y vive siempre junto al Padre con un sacerdocio eterno para interceder en favor nuestro (cf. Heb 7, 24).

---

[5] En otros textos del Nuevo Testamento se reconoce a Jesús esa misma función aunque no se le otorgue el título de sacerdote; por ejemplo se dice que Él ofreció su vida como un sacrificio, etc. (cf. Mc 14, 24, y par.; Ef 5, 2; etc.). Quizás los demás textos omitan el título de «sacerdote» para evitar una posible confusión entre los primeros fieles si se identificaba la figura y la obra de Cristo con la de los sacerdotes judíos o paganos que podían servirles de referencia. El sacerdocio de Cristo es muy distinto de esos.

—Él es el *único y sumo sacerdote* que con su sacrificio nos reconcilia con Dios, siendo todo otro sacerdocio (el ministerial o el común de los fieles) participación de su sacerdocio y subordinado a él.

—La sagrada Escritura dice también que Él es *sacerdote según el rito de Melquisedek* (cf. Heb 7, 11-14), no según el orden de Aarón; es decir, Cristo tiene un sacerdocio de un origen distinto y superior[6]. La proclamación del sacerdocio de Cristo significa la abrogación del sacerdocio levítico.

b) Cristo, maestro de la verdad: mediador
y plenitud de la revelación

Cristo, mediador perfecto de la revelación, pues nos manifiesta a Dios a quien ve y oye. Él es testigo de la verdad, viene a dar testimonio de la luz (cf. Jn 1, 18; 8, 40).

El Nuevo Testamento también señala que Cristo es «el profeta» anunciado por Moisés (cf. Hch 3, 22; Dt 18, 15); es decir, aquel que habla las palabras de Dios, su mediador en la revelación. Por eso la teología habla del *ministerio profético de Cristo.*

Sin embargo, el oficio de profeta, aunque conviene a Cristo, expresa de modo insuficiente su función doctrinal; Él es mucho más que profeta y se distingue de todos ellos: «De una manera fragmentaria y de muchos modos habló Dios en el pasado a nuestros padres por medio de los profetas; en estos últimos tiempos nos ha hablado por su Hijo» (Heb 1, 1-2). Él, no solo como Dios sino también en cuanto hombre, es superior a todos

---

[6] El autor de la Carta a los Hebreos (cf. Heb 7, 1ss) ve en Melquisedec una figura de Cristo en varios aspectos, pero sobre todo en cuanto que Melquisedec aparece superior a Abraham, ya que recibió de él los diezmos y le bendijo. El sacerdocio de Cristo no viene de Abraham por Leví, sino que es distinto y superior.

los profetas también en ese oficio de transmitir la revelación divina, porque tenía la ciencia o conocimiento de visión que ningún profeta pudo tener en este mundo.

Él es «*el maestro*», el único maestro de los hombres (cf. Mt 23, 8-10). Jesucristo no solo nos revela el misterio de Dios Uno y Trino, sino que también nos descubre el plan de nuestra salvación y cuál es la dignidad y la vocación del hombre: es decir, todo el contenido de nuestra fe.

Jesús es también «la plenitud de toda la revelación» (DV, 2). Él es la luz del mundo (cf. Jn 8, 12), es la misma verdad (cf. Jn 14, 6). Él es la Palabra única y perfecta del Padre.

El Catecismo en este punto recoge una cita preciosa de san Juan de la Cruz: «Al darnos, como nos dio a su Hijo, que es una Palabra suya y no tiene otra, nos lo habló todo junto y de una vez en esta sola Palabra...; porque lo que hablaba antes en partes a los profetas ya lo ha hablado todo en Él, dándonos al Todo, que es su Hijo»[7].

Esta función magisterial de Cristo es parte de su obra salvífica y se ordena a la fe y a la salvación de los hombres. De este modo Jesús nos libera de una de las secuelas del pecado, de la ignorancia y del error: «la verdad os hará libres» (Jn 8, 32). Cristo, maestro de la verdad, nos conduce a la salvación por medio de la palabra. Es más, esa enseñanza de Cristo forma ya parte de la salvación. «Dios, nuestro Salvador, quiere que todos los hombres se salven y lleguen al conocimiento de la verdad» (1 Tim 2, 4).

Por tanto, este oficio está relacionado con su ministerio sacerdotal, así como también está unido al ministerio pastoral, pues constituye una forma de conducirnos a nuestra salvación.

---

[7] San Juan de la Cruz, *Carm.* 2, 22; cf. CEC, 65.

c) Jesucristo, buen pastor

Figuradamente se emplea el nombre de «pastor» para significar al que gobierna un pueblo o tiene una especial autoridad en una comunidad. Así lo hace frecuentemente la Biblia cuando, por ejemplo, da el título de pastor de su pueblo a David o a otros reyes de Israel.

Cristo se presenta como el buen pastor prometido en el Antiguo Testamento (cf. Jn 10, 1-18; Ez 34, 1ss), y los fieles son su grey o su rebaño. Él es el pastor que busca la oveja perdida, al hombre pecador. Él conoce y ama a cada una de sus ovejas, las defiende del enemigo y da su vida para salvarlas, y Él las conduce hacia buenos pastos.

Paralelamente a este título de «pastor» se han empleado también los de *Señor* y *rey*, que veremos más adelante, y que figuradamente expresan la misma realidad con diversos aspectos.

Y según distintos cometidos que están comprendidos en el oficio pastoral, también ha presentado a Cristo como *legislador* (pues nos da la Ley nueva de la gracia y de la caridad) o como *juez* (pues dispensa la gracia y el perdón de los pecados, y premia con la gloria).

3. Cristo es el nuevo Adán y cabeza del linaje humano en el orden de la gracia

a) Cristo, nuevo Adán

Semejanza entre Adán y Cristo, en cuanto que son principios de la humanidad. Dios quiso que la humanidad tuviera su principio en Adán. Y, además, concedió a nuestro primer padre la justicia original para que por él pasase a sus descendientes. Sin embargo, Adán pecó y toda su estirpe fue privada de esa santidad, y quedó vulnerada con las secuelas de ese pecado. Adán pecó no solo como persona individual, sino también como cabeza del género humano, y su acción implicó a toda su descendencia (cf. Rom 5, 12-19).

Por otro lado, Dios ha destinado la encarnación de su Hijo para que Jesús fuera el principio y la causa de la vida sobrenatural de todos, el inicio de una humanidad redimida. De ahí que el Nuevo Testamento afirme el paralelismo —y la contraposición— entre Adán y Cristo, que es llamado el «nuevo» o «segundo» Adán (cf. 1 Cor 15, 21-22.45-47). «Como por la caída de uno solo la condenación afectó a todos los hombres, así también por la justicia de uno solo la justificación, que da la vida, alcanza a todos los hombres. Pues como por la desobediencia de un solo hombre todos fueron constituidos pecadores, así también por la obediencia de uno solo todos serán constituidos justos» (Rom 5, 18-19).

Cristo es el hombre nuevo y perfecto, superior a todos los hombres. Él es el ejemplar de todos los demás. Vimos en la primera parte que Jesús es perfecto hombre, lleno de gracia, semejante en todo a nosotros salvo en el pecado. Pero no basta afirmar su semejanza con nosotros, es mucho más: Jesús es el ejemplar o modelo perfecto del hombre.

San Pablo afirma que «Adán es figura del que había de venir», de Cristo (Rom 5, 14): Adán es solo figura, esto es, semejante pero en un nivel inferior a Cristo, que es la realidad plena y perfecta. Adán, como simple figura, fue creado a imagen y semejanza de Cristo, que es el ejemplar de todos los hombres. Y «Él, que es imagen de Dios invisible es también el hombre perfecto, que ha devuelto a la descendencia de Adán la semejanza divina, deformada por el primer pecado» (GS, 22)[8].

---

[8] Cf. CEC, 359. El concilio Vaticano II enseña que el misterio del hombre solo se esclarece en el misterio del Verbo Encarnado. Es decir, a través de Cristo hecho hombre, muerto y resucitado por nosotros, hallamos el conocimiento de lo que somos realmente y el sentido de nuestra existencia.

b) Cristo, cabeza del linaje humano en el orden de la gracia

El Nuevo Testamento nos dice, especialmente en las «epístolas de la cautividad», que Cristo ha sido constituido «cabeza» de su «cuerpo» que es la Iglesia, y cabeza de todos los hombres en el orden de la gracia.

Veamos las relaciones existentes en el hombre entre la cabeza y el cuerpo, para ver qué significa realmente esta expresión «cabeza» referida metafóricamente a Cristo[9].

En primer lugar, existe una relación de semejanza y conexión entre la cabeza y el cuerpo humano, pues ambos forman un todo y son de la misma especie. Así pues, *Cristo puede ser cabeza del género humano porque tiene la misma naturaleza que los demás hombres y es solidario con todos ellos.* Cristo en cuanto Dios no tiene esa conformidad con nosotros y por eso no es cabeza nuestra según su divinidad.

En segundo lugar, hay una relación de distinción entre la cabeza y los demás miembros, en cuanto la primera tiene una preeminencia sobre el resto. Por eso se llama cabeza figuradamente a lo que es superior o sobresaliente en un orden (p. ej., la cumbre de un monte o la «capital» de una nación). Así, *Cristo es cabeza de los hombres porque tiene una preeminencia sobre ellos por su plenitud de gracia*: está «lleno de gracia y de verdad» (Jn 1, 14). Él es el más perfecto y el ejemplar de los hombres.

Y en tercer lugar, hay otra distinción entre la cabeza y el cuerpo, pues aquella tiene un influjo directivo sobre el resto. Por eso también se llama cabeza figuradamente a quien en una sociedad tiene el poder de dirección y de gobierno (p. ej., el cabeza de familia). Así, *Cristo es cabeza del género humano porque es el principio de la gracia de todos los hombres, el Salvador de*

---

[9] Cf. S. Tomás de Aquino, *In III Sent.* d 13, q 2, a 1; *S. Th.* III, q.8, a.1; *De Veritate*, q 29, a 4.

todos ellos: porque nos redimió y ahora nos comunica la vida sobrenatural. «De su plenitud recibimos todos gracia sobre gracia» (Jn 1, 16)[10].

Cristo es cabeza de los hombres por todas esas razones mencionadas: «Él tiene la primacía en todo» (Col 1, 18); pero principalmente lo es en cuanto nos redime y santifica; esto es, en cuanto comunica a los demás la vida de la gracia.

4. ¿Por qué las acciones de Cristo pueden servir a nuestra salvación?

a) Cristo es solidario con el género humano, es uno con nosotros

Solidaridad física, de la sangre, con todo el linaje humano. Cristo, por ser hombre, comparte nuestra naturaleza, es hijo de Adán como señala san Lucas en la genealogía del Señor, y forma parte de la familia humana. En este sentido el Hijo de Dios se ha hecho hermano de todos nosotros (cf. Heb 2, 11.17).

Solidaridad moral e intencional por el amor. Cristo no solo comparte la naturaleza humana, sino que toma sobre sí todo lo nuestro. Esta solidaridad moral nace de la libre voluntad de Jesús, de su amor por nosotros, que es el lazo que une e identifica el amante con el amado y que hace que las cosas del amado sean como propias.

Así pues, Cristo *abraza* amorosamente a todos los hombres, *se hace uno con ellos* por el amor, y *se identifica* con todo lo suyo, con sus sufrimientos, como suyos. Así movido por ese amor se entregó por nosotros, para reparar nuestro mal y conseguirnos

---

[10] La gracia eminente de Cristo en cuanto se comunica a sus miembros, en cuanto es principio de la salvación de sus miembros, se llama *gracia capital*.

la salvación: «Me ha amado y se ha entregado a sí mismo por mí», decía san Pablo (Gal 2, 20).

Por eso enseña el concilio Vaticano II: «El Hijo de Dios con su encarnación se ha unido, en cierto modo, con todo hombre» (GS, 22)[11].

b) Cristo tiene el poder de salvar a todos los hombres: es el autor de la salvación

Dios ha destinado a Cristo a ser el Salvador de todos. Por tanto, la gracia y las acciones de Cristo están ordenadas en el designio divino a la salvación del género humano: ante Dios la obra de Cristo termina en nosotros.

Jesús es el nuevo Adán, la cabeza y el principio de la vida sobrenatural del linaje humano; para eso su humanidad, como instrumento del Verbo, tiene el poder de salvar a todos. De modo que *Él es el autor y el principio de la salvación:* es «el autor de la vida» (Hch 3, 15). Santo Tomás se atreve a decir que «Él, según su humanidad, es de alguna manera el principio de toda gracia de modo semejante a como Dios es principio de todo ser [...] y por esto tiene razón de cabeza»[12].

Si Jesús no tuviera el poder de comunicarnos la vida sobrenatural, no podría ser el nuevo Adán, el nuevo principio de la vida sobrenatural; no podría ser cabeza de los que se salvan; y no tendríamos la salvación.

* * *

---

[11] Pero advirtamos que aunque se habla de una cierta unión o identificación de Cristo con la humanidad, no podemos olvidar la distinción que existe entre el Redentor y los hombres redimidos. Siempre hay una distinción en el ser entre el amante y el amado, entre Cristo y nosotros.

[12] S. Tomás de Aquino, *De Veritate*, q 29, a 5.

En el capítulo 13 veremos cómo Jesús, en la comunicación de la vida sobrenatural a los hombres, se sirve de la Iglesia. Ahora pasaremos a estudiar los actos concretos con los que Jesucristo nos redime. En todos ellos actúa siempre como mediador y cabeza nuestra, y por eso sus obras sirven para nuestra salvación, ya que Él es solidario con nosotros y tiene el poder de comunicar los frutos de su obra salvífica a cada uno.

Capítulo 10
LOS MISTERIOS DE LA VIDA TERRENA DE CRISTO Y NUESTRA SALVACIÓN

En la primera parte vimos el misterio de la encarnación del Hijo de Dios, y ahora, en este capítulo y en los dos siguientes, consideraremos otros misterios —solo algunos— de la vida de Jesús, intentando ver su sentido redentor.

1. Toda la vida de Cristo forma parte del misterio redentor

El Credo menciona los misterios de la vida de Cristo —desde la encarnación hasta su ascensión a los cielos y su segunda venida— bajo el enunciado: «por nosotros los hombres y por nuestra salvación». Con esto se significa que la redención del hombre se debe a cada uno de esos misterios y, a la vez, que toda la vida de Cristo constituye en su conjunto una unidad redentora a la que se debe nuestra salvación como a una única causa.

a) Valor salvífico de todos los misterios de la vida de Cristo

Todos los actos de Cristo nos revelan a Dios y su amoroso designio salvífico. Jesús vivió en todo momento su condición de maestro que nos revela a Dios. Por Él conocemos a Dios visiblemente[1], pues el Verbo eterno se manifiesta a los hombres en todos sus actos humanos, en cada una de sus palabras, gestos y actitudes. E igualmente todos sus actos revelan al Padre que lo ha enviado y con el que es una sola cosa: «Toda la vida de Cristo es revelación del Padre [...] Jesús puede decir: 'Quien me ve a mí, ve al Padre' (Jn 14, 9) [...] Nuestro Señor, al haberse hecho hombre para cumplir la voluntad del Padre, nos 'manifestó el amor que Dios nos tiene' (1 Jn 4, 9)» (CEC, 516).

Y asimismo Jesús en todas sus obras «manifiesta plenamente el hombre al propio hombre» (GS, 22): nos revela la dignidad y la vocación del hombre, creado a imagen suya, llamado a ser hijo de Dios y a participar de una comunión de vida con la Trinidad.

Todos los actos de Jesús son un ejemplo y enseñanza de vida para nosotros. No podíamos imitar y seguir a Dios que es de otra naturaleza que nosotros, y a quien no veíamos, pero cuando el Hijo de Dios se hace hombre se constituye para nosotros en el modelo que podemos contemplar, seguir e imitar. Jesús en todo momento, en todos sus actos, nos ha dado ejemplo para que vivamos como hijos de Dios.

Toda la vida de Cristo es misterio de redención. Jesús vivió en todo momento su condición de mediador y sacerdote, intercedió por todos y ofreció a su Padre todas las circunstancias de su vida en sacrificio por nosotros; de modo que en todo momento

---

[1] Cf. Prefacio I de Navidad.

ejerció su función mediadora para liberarnos del pecado y llevarnos a la unión con Dios[2].

Todos los actos de Cristo, aun los que parecen menos importantes y pequeños, son redentores y poseen un valor trascendente de salvación (v. g. en su trabajo, en su cansancio, con las dificultades de la vida, etc.): todos sus actos son meritorios y fueron ofrecidos como sacrificio al Padre por nosotros con una entrega completa de sí y con un amor sin medida.

b) La obra de la redención se puede atribuir resumidamente al misterio pascual, o bien a la pasión y muerte de Cristo

Con el Catecismo de la Iglesia podemos decir que Cristo —según el designio de Dios Padre— «realizó la obra de la redención humana [...] *'principalmente' por el misterio pascual* de su bienaventurada pasión, resurrección de entre los muertos y gloriosa ascensión. Por este misterio, con su muerte destruyó nuestra muerte y con su resurrección restauró nuestra vida»[3]. En efecto, el misterio pascual es el que da sentido redentor y unidad a toda la vida de Jesús: todos los actos de su caminar terreno, desde su encarnación (cf. Heb 10, 5-7), se ordenan a su muerte, resurrección y ascensión al cielo, cuando se consuma la redención de los hombres.

De modo semejante podemos decir que Cristo nos redime «*especialmente*» *con su sagrada pasión y muerte*, como lo señalan muchas veces la Escritura y la teología.

También lo expresa la sagrada Escritura con otras expresiones semejantes, como: somos redimidos por *la sangre de Cristo* derramada por nosotros en la cruz: por ella somos lavados de

---

[2] Cf. CEC, 517.
[3] CEC, 1067; Cf. Conc. Vaticano II, *Sacrosanctum concilium* (SC), 5.

los pecados, santificados y restablecidos en comunión con Dios[4]. Y el Catecismo de la Iglesia Católica dice que «la redención nos viene *ante todo por la sangre de la cruz*» (CEC, 517).

También podemos compendiar el misterio redentor en *la cruz de Cristo*, tal como nos mueve a orar la liturgia: «Te adoramos, Cristo, y te bendecimos porque con tu santa Cruz redimiste el mundo».

Como veremos en el capítulo siguiente, la culpa del pecado se repara con la gracia divina que Jesús nos merece con cada uno de sus actos, también con su pasión; pero somos liberados de las penalidades derivadas del pecado por la satisfacción que lleva a cabo Jesús, y que es completa en su muerte en la cruz.

Pero no debemos entender que la salvación sea fruto de la pasión, o de la sangre, o de la cruz de Cristo, aisladas de su resurrección y ascensión, sino en unión indisoluble con ellas y con todos los misterios de su vida.

2. Misterios de la infancia de Jesús

a) *El misterio de Navidad*

San Lucas nos narra con emoción el nacimiento del Hijo de Dios en Belén en un establo pues no hubo otro alojamiento para la sagrada Familia (cf. Lc 2, 1ss). Y los ángeles explican este gran misterio que constituye una gran alegría para todos: «Os ha nacido en la ciudad de David el Salvador, que es el Cristo, el Señor» (Lc 2, 10-11).

---

[4] Cf. Rom 5, 9; Ef 1, 7; Col 1, 20; Heb 9, 14; 13, 12; 1 Pe 1, 18-19; 1 Jn 1, 7; Ap 1, 5; 5, 9-10; etc.

Dios ha aparecido en este mundo. Se ha manifestado la luz verdadera que ilumina a todo hombre, la luz que brilla en las tinieblas (cf. Jn 1, 4-9). Se ha manifestado la bondad de Dios y su amor misericordioso a los hombres (cf. Tit 3, 4). Ha comenzado la redención, el «admirable intercambio» por el que el Creador del género humano, haciéndose hombre y naciendo de una virgen, nos hace partícipes de su divinidad.

Y, además, desde la cátedra de Belén, Jesús Niño nos imparte tantas enseñanzas que nunca terminaremos de considerarlas. Quizá la principal es que el Hijo de Dios viene a liberarnos del mal y a vencer al enemigo no con las armas del poder y de la fuerza humanos, sino con las del amor y la humildad, con su *kénosis* (anonadamiento: cf. Flp 2, 5-7): aquí está la verdadera sabiduría y fuerza de Dios, más fuertes que las de los hombres (cf. 1 Cor 1, 24-25).

b) La Epifanía

«*Epifanía*» significa «manifestación». La epifanía de Jesús es su manifestación como Mesías de Israel y Salvador del mundo. Si en Navidad Jesús fue manifestado por los ángeles a los pastores, gente de Israel, en este misterio —en la adoración de los magos— se manifiesta a los gentiles por medio de una estrella (cf. Mt 2, 1-12).

El Evangelio ve en los «magos» o sabios a los representantes de pueblos vecinos de oriente, las primicias de los que buscan en Israel al rey de las naciones, y acogen al Salvador y la Buena Nueva de la salvación. San Mateo quiere mostrarnos desde el principio de su Evangelio que la salvación es universal: todos los hombres están llamados a ser «coherederos, miembros del mismo cuerpo y partícipes de la promesa en Jesucristo» (Ef 3, 6).

Dios llama a todos a ir a Cristo, y todos debemos responder como los magos, que vieron su estrella en oriente, se dejaron guiar por ella, buscaron al Señor, y llegaron llenos de alegría hasta el Niño, al que encontraron con María, su madre.

c) La presentación de Jesús en el templo

«*La presentación de Jesús en el templo* (cf. Lc 2, 22-39) lo muestra como el Primogénito que pertenece al Señor (cf. Ex 13, 2.12-13). Con Simeón y Ana toda la expectación de Israel es la que viene al 'encuentro de su Salvador' (la tradición bizantina llama así a este acontecimiento).

Jesús es reconocido como el Mesías tan esperado, 'luz de las naciones' y 'gloria de Israel', pero también 'signo de contradicción'. La espada de dolor predicha a María anuncia otra oblación, perfecta y única, la de la cruz que dará la salvación que Dios ha preparado 'ante todos los pueblos'» (CEC, 529).

3. Misterios de la vida oculta de Jesús en Nazaret

a) La vida ordinaria de Jesús. Su vida de familia y de trabajo, en particular

Jesús compartió, durante la mayor parte de su vida, la condición común y ordinaria de la inmensa mayoría de los hombres. Por eso, sus conciudadanos le consideraron igual a ellos en todo, como uno de ellos, y se extrañaron de la sabiduría y de los milagros que demostraba en la vida pública (cf. Mc 6, 2-3).

Quizás los años de la vida de Jesús en Nazaret parezcan sin brillo humano, años de sombra («vida oculta») o una simple preparación para su ministerio público; pero no es así: Jesús estaba realizando nuestra redención mediante su amor y obediencia presentes en cada una de sus obras que ofrecía al Padre por nosotros. El Verbo eterno ha redimido y santificado así todas las realidades nobles con las que está entretejida la vida común de los hombres: la familia, las amistades y relaciones sociales, el trabajo y el descanso.

Y todos esos actos de Cristo en Nazaret son también una enseñanza para nosotros: «Jesús, Señor y modelo nuestro, creciendo y viviendo como uno de nosotros, nos revela que la existencia humana —la tuya—, las ocupaciones corrientes y ordinarias, tienen un sentido divino, de eternidad»[5].

La vida de familia. Parte principal de la vida de Jesús en Nazaret era la vida de familia, que el Evangelio resume en pocas palabras porque era normal, a la vez que divina: «el Niño iba creciendo y fortaleciéndose lleno de sabiduría y la gracia de Dios estaba en Él» (Lc 2, 40); y más adelante se añade que «vino con ellos [con sus padres] a Nazaret y les estaba sometido» (Lc 2, 51).

A la vez que Jesús santifica la vida familiar, la sagrada Familia constituye el espejo y modelo de toda familia: nos muestra su entrañable comunión de amor, su sencilla belleza, lo insustituible de su función en el plano de las personas individuales y de la vida social.

La vida de trabajo. Jesús dedicó la mayor parte de su vida a un trabajo junto a José, y continuó hasta después de haber cumplido los treinta años. De hecho, sus conciudadanos lo conocen por «el artesano» (Mc 6, 3).

Se esforzaba para hacer bien ese trabajo, cuidando los detalles, viviéndolo con espíritu de servicio y tratando con amabilidad a las personas: «todo lo hizo bien» (Mc 7, 37). En manos de Jesús el trabajo se convierte en tarea divina, en «realidad redimida y redentora: no solo es el ámbito en que el hombre

5 S. Josemaría Escrivá, *Forja*, 688.

vive, sino medio y camino de santidad, realidad santificable y santificadora»[6].

Por eso, la vida de Jesús en Nazaret ha sido llamada «el Evangelio del trabajo» ya que constituye una lección de la dignidad y del valor del trabajo; una enseñanza para unirnos a Dios con esa actividad y, por medio de ella, colaborar en el bien de la sociedad y en la salvación del mundo.

b) El episodio del Niño Jesús perdido y hallado en el Templo

En este acontecimiento Jesús, a los doce años, ya deja vislumbrar el misterio de su persona, y manifiesta su conciencia de ser el Hijo de Dios.

En este suceso también «Jesús deja entrever el misterio de su consagración total a una misión derivada de su filiación divina: '¿No sabíais que me debo a los asuntos de mi Padre?' (Lc 2, 49). María y José 'no comprendieron' esta palabra, pero la acogieron en la fe, y María 'conservaba cuidadosamente todas las cosas en su corazón' (Lc 2, 51), a lo largo de todos los años en que Jesús permaneció oculto en el silencio de una vida ordinaria» (CEC, 534).

Jesús nos da ejemplo de la decisión que hemos de tener para cumplir la voluntad divina aunque cueste sacrificio, y aunque otros no la comprendan.

4. Misterios de la vida pública de Jesús

a) El bautismo de Jesús en el Jordán

Juan el Bautista proclamaba un «bautismo de conversión para el perdón de los pecados» (Lc 3, 3), y muchas personas

---

[6] S. Josemaría Escrivá, *Es Cristo que pasa*, n. 47.

acudían y eran bautizadas. Jesús también vino y fue bautizado, aunque no necesitaba ese bautismo de penitencia ya que carecía de pecado; si lo recibe es para llevar a cabo todo el plan de su Padre para nuestra salvación.

En el bautismo Jesús es manifestado como Hijo de Dios y Mesías. El bautismo es una «epifanía» pública de Jesús, a la vez que constituye una revelación de la Trinidad. Jesús no comienza entonces a ser Hijo de Dios, ni comienza a poseer el Espíritu Santo, ni a ser el Mesías, ni es entonces cuando toma conciencia de su misión mesiánica; sino que entonces manifiesta públicamente su mesianismo al Bautista y a todo Israel.

El bautismo constituye el comienzo del ministerio público de Jesús (cf. Hch 1, 22), y constituye el momento en que el Señor comienza a enseñar abiertamente a las gentes, confirmando su doctrina con milagros. Este ministerio público se orienta a la cruz, y su bautismo es ya la inauguración de su misión: «Se deja contar entre los pecadores (cf. Is 53, 12); es ya 'el Cordero de Dios que quita el pecado del mundo' (Jn 1, 29); anticipa ya el 'bautismo' de su muerte sangrienta (cf. Mc 10, 38; Lc 12, 50). Viene ya a 'cumplir toda justicia' (Mt 3, 15), es decir, se somete enteramente a la voluntad de su Padre: por amor acepta el bautismo de muerte para la remisión de nuestros pecados (cf. Mt 26, 39)» (CEC, 536).

El bautismo de Jesús es modelo del bautismo cristiano. «En su bautismo, 'se abrieron los cielos' (Mt 3, 16) que el pecado de Adán había cerrado; y las aguas fueron santificadas por el descenso de Jesús y del Espíritu como preludio de la nueva creación» (CEC, 536). Efectivamente, nuestro bautismo se asemeja al de Jesús, pues cuando somos bautizados en el nombre de la Trinidad somos hechos hijos de Dios en Cristo, el Espíritu Santo desciende sobre nosotros y se nos abre el acceso al cielo.

b) Las tentaciones del desierto

Inmediatamente después de su bautismo, Jesús es «impulsado por el Espíritu» al desierto. Allí permanece en oración y sin comer durante cuarenta días. Al final de este tiempo, Satanás le tienta y Jesús rechaza estos ataques, de modo que el diablo se aleja de Él «hasta el tiempo determinado» (Lc 4, 13).

Las tentaciones se refieren a la naturaleza del mesianismo de Cristo. Satanás tienta a Jesús para que oriente su misión hacia lo temporal, hacia un mesianismo terreno: hacia el bienestar material, la gloria y el poder humanos. Y Cristo responde que su misión es servir exclusivamente a Dios y abandonarse confiadamente en manos del Padre, sin buscar su utilidad u otra ambición humana al margen del plan divino[7].

Las tentaciones de Cristo forman parte de su victoria sobre el Maligno. Esas tentaciones recapitulan las tentaciones de Adán en el paraíso y las de Israel en el desierto: Jesús es el nuevo Adán que vence donde el primero fue derrotado por el tentador, y vence donde Israel en el desierto sucumbió (cf. Sal 95/94, 10). Cristo es más fuerte que Satanás, le despoja de su poder y nos libera de su esclavitud (cf. Mc 3, 27). La victoria de Cristo sobre el diablo se consumará con la cruz y la resurrección, pero ha comenzado antes; y esas tentaciones constituyen un momento señalado en que se manifiesta su victoria.

Cristo nos da ejemplo de cómo luchar contra el demonio y vencerle, pues Él «fue probado en todo igual que nosotros, excepto en el pecado» (Heb 4, 15). Para ello hemos de buscar sobre todo el reino de Dios y su justicia (cf. Mt 6, 33) y procurar cumplir su voluntad; a la vez, hemos de eliminar el apego de los bienes

---

[7] Jesús rechazó a lo largo de su vida otras tentaciones semejantes provenientes de su ambiente (cf. Mt 27, 42), e incluso de sus discípulos (cf. Mt 16, 21-23), contrarias al plan del Padre y a su misión redentora.

materiales, la soberbia y la ambición. De este modo no nos postraremos nunca ante ningún ídolo terreno y seremos libres.

c) La predicación de Jesús

La actividad de Jesús durante su vida pública se centra en la predicación del reino de Dios (cf. Mt 4, 23; 9, 35). «Después de haber sido apresado Juan, vino Jesús a Galilea predicando la Buena Nueva de Dios, y diciendo: El tiempo se ha cumplido y el reino de Dios está cerca; convertíos y creed en el Evangelio» (Mc 1, 14-15).

Este reino consiste en que los hombres sean hechos partícipes de la vida de Dios, de la vida eterna; todos están llamados a acoger las palabras de Cristo y a entrar en el reino.

Su predicación es asequible, sencilla y clara, a la vez que exigente: Jesús enseña la verdad con amor a las almas. Su enseñanza es muy concreta y realista, está llena de ejemplos sencillos y bien conocidos de los oyentes que contribuyen a hacer claras sus enseñanzas (cf. la siembra, las malas hierbas, la confección del pan, las fiestas de bodas, etc.).

Frecuentemente explica el misterio del reino de los cielos por medio de *parábolas* (cf. Mt 13, 10-13), comparaciones prolongadas que constituyen un rasgo de su enseñanza. Por medio de ellas invita al banquete del reino (cf. Mt 22, 1-14), pero exige también que acojamos sus palabras con fe y que nos decidamos seriamente a seguirlas para alcanzar el reino, aunque haya que darlo todo (cf. Mt 13, 44-45).

d) Los milagros de Jesús

Jesús acompaña su doctrina con milagros, que la Escritura llama también «signos» porque son hechos admirables y sobrehu-

manos que hacen referencia a otra realidad: que Dios todopoderoso está con Jesús, que el reino está presente en Él (cf. Lc 7,
18-23).

Los milagros son signos del Mesías anunciado. «Al liberar a algunos hombres de los males terrenos del hambre, de la injusticia, de
la enfermedad y de la muerte, Jesús realizó unos *signos mesiánicos*;
no obstante, no vino para abolir todos los males aquí abajo, sino
a liberar a los hombres de la esclavitud más grave, la del pecado,
que es el obstáculo en su vocación de hijos de Dios y causa de
todas sus servidumbres humanas» (CEC, 549).

Los milagros son señales de su misión y de su divinidad. Los
milagros de Jesús testimonian que el Padre lo ha enviado (cf. Jn
5, 36; 10, 25), e invitan a creer en Jesús: son señales de su misión divina y de la autenticidad de su doctrina.

Y más aún, testimonian que Él es Hijo de Dios (cf. Jn 10,
31-38) porque los realiza con su propio poder (cf. Lc 6, 19),
poder divino común con Dios Padre (cf. Jn 14, 10-11).

Los milagros son comienzo y signo de la liberación definitiva.
Los milagros, de modo especial la expulsión de los demonios,
constituyen la derrota del reino de Satanás: «Si por el Espíritu
de Dios expulso yo los demonios, es que ha llegado a vosotros el
reino de Dios» (Mt 12, 28). Los milagros anticipan la gran victoria de Jesús sobre «el príncipe de este mundo» (Jn 12, 31) que
será definitivamente establecida con la cruz[8].

*e) La formación de una comunidad organizada
    para la futura extensión del reino de Dios en el mundo*

Desde el principio de su vida pública manifiesta Jesús el pro-
pósito de reunir una comunidad de discípulos a su alrededor. Él

---

[8] Cf. CEC, 550.

es el corazón mismo de este grupo y, mientras estaba con ellos, era el único maestro. Pero poco a poco va organizando su comunidad de modo que cuando Él vuelva al Padre esta se encontrará ya organizada y estructurada para ser la luz del mundo y la sal de la tierra para todos los siglos.

La elección de los doce es el punto principal de esta organización establecida por el Señor en su grey[9]. A ellos hizo partícipes de su autoridad y los envió a todas las naciones a proclamar el reino de Dios.

Y dentro del grupo de los doce *san Pedro* ocupa el primer lugar[10]. Jesús le confía una misión única: «Tú eres Pedro, y sobre esta piedra edificaré mi Iglesia, y las puertas del infierno no prevalecerán contra ella» (Mt 16, 18). Cristo asegura a su Iglesia, edificada sobre Pedro, la victoria sobre los poderes de la muerte. Pedro será la roca que sostendrá la Iglesia con la misión de custodiar la fe y de confirmar en ella a sus hermanos (cf. Lc 22, 32)[11].

Jesús ha confiado a Pedro una autoridad específica: «A ti te daré las llaves del reino de los cielos» (Mt 16, 19). El poder de las llaves designa la autoridad para gobernar la casa de Dios, que es la Iglesia. Y Jesús confirmó este encargo después de su resurrección: «Apacienta mis corderos; apacienta mis ovejas» (Jn 21, 15-17)[12]. En estos textos queda claro que Cristo, que es el único Pastor, única cabeza y único fundamento de la Iglesia, hace de Pedro su representante en la tierra, su vicario.

Así como Dios ha querido que la salvación nos viniera por medio de su Hijo hecho hombre, también ha dispuesto misericordiosamente —como una prolongación de esa economía de la Encarnación— que Cristo siga actuado a través de la Iglesia, principalmente a través de sus ministros, de modo que su pala-

---

[9] Cf. CEC, 765.
[10] Cf. Mc 3, 16; Mc 9, 2; Lc 24, 34; 1 Cor 15, 5.
[11] Cf. CEC, 552.
[12] CF. CEC, 553.

bra y su gracia redentora puedan llegar con seguridad y certeza a todos los hombres de todos los tiempos.

f) La transfiguración

Inmediatamente después de la confesión de Pedro, Jesús comienza a anunciar su pasión. En este contexto se sitúa el episodio de la transfiguración, sobre una montaña, ante tres apóstoles (cf. Mt 17, 1-8, y par.). El rostro y los vestidos de Jesús se pusieron fulgurantes como la luz; Moisés y Elías aparecieron y le «hablaban de su partida, que estaba para cumplirse en Jerusalén» (Lc 9, 31). Una nube les cubrió y se oyó una voz desde el cielo que decía: «Este es mi Hijo, mi elegido; escuchadle» (Lc 9, 35).

La transfiguración de Cristo tiene por finalidad fortalecer la fe de los apóstoles ante la proximidad de la pasión: por un instante, Jesús muestra su gloria divina, confirmando así la confesión de Pedro[13]. Jesús pretende que esos discípulos, que pronto lo verán morir, no naufraguen en su fe, sino que sigan creyendo que Él es verdaderamente el Hijo de Dios.

Muestra que para «entrar en su gloria» debe padecer y morir (Lc 24, 26). Así estaba escrito, pues Moisés y Elías, la Ley y los profetas, ya habían anunciado los sufrimientos del Mesías (cf. Lc 24, 27).

La transfiguración fortalece nuestra «esperanza de la gloria» (Col 1, 27) *ante los sufrimientos que podemos encontrar, al concedernos una visión de la gloria venidera.* También nosotros «hemos de pasar por muchas tribulaciones para entrar en el reino de Dios» (Hch 14, 22).

---

[13] A partir del momento de la transfiguración los sinópticos nos narran la subida de Jesús a Jerusalén, y nos dicen que se dirigía resueltamente a la Ciudad Santa dispuesto a morir. Jesús había hecho diversas alusiones de su pasión y muerte, y en esta última etapa las anuncia explícitamente en tres ocasiones (Cf. Mc 8, 31-33; Mc 9, 31-32; Mc 10, 32-34; y paralelos).

g) La entrada mesiánica de Jesús en Jerusalén

Jesús rehuyó siempre las tentativas populares de hacerle rey (cf. Jn 6, 15), pero quiso, hacia el final de su ministerio, mostrarse públicamente como Mesías y que lo reconocieran como tal. Así, entró en Jerusalén y fue aclamado como hijo de David.

«Pero el 'rey de la gloria' (Sal 24, 7-10) entra en su ciudad 'montado en un asno' (Za 9, 9): no conquista a 'la hija de Sión, figura de su Iglesia, ni por la astucia ni por la violencia, sino por la humildad que da testimonio de la Verdad (cf. Jn 18, 37)» (CEC, 559).

La entrada de Jesús en Jerusalén manifiesta y anuncia la venida del reino que el rey-Mesías llevará a cabo mediante su muerte y su resurrección. La aclamación «Bendito el que viene en el nombre del Señor» (Sal 118, 26), ha sido recogida por la Iglesia en el «Sanctus» de la liturgia eucarística para introducir al memorial de la Pascua del Señor. Y, con la celebración de esa entrada de Jesús en Jerusalén el domingo de Ramos, la liturgia de la Iglesia abre la Semana Santa.

* * *

San Juan dice al final de su Evangelio: «Hay, además, otras muchas cosas que hizo Jesús, y que si se escribieran una por una, pienso que ni aun el mundo podría contener los libros que se tendrían que escribir» (Jn 21, 25). Con mucha mayor razón podemos aplicar esas palabras al presente libro, y especialmente a este capítulo sobre los misterios de la vida terrena de Jesús. Hemos de conocer bien y meditar todas las acciones del Señor pues todas son redentoras, nos revelan a Dios y nos dan ejemplo para vivir como hijos de Dios.

Ahora debemos pasar a estudiar el misterio pascual, de la muerte y resurrección del Señor, en el que se consuma la obra de la redención.

Capítulo 11

LA PASIÓN Y MUERTE DE CRISTO Y NUESTRA REDENCIÓN

1. El designio de Dios Padre sobre la pasión y muerte de Cristo

a) El designio divino y la muerte de Cristo

La muerte de Jesús pertenece al misterioso designio de Dios, como explica san Pedro: «Fue entregado según el determinado designio y presciencia de Dios» (Hch 2, 23). Así también lo dicen los primeros cristianos llenos del Espíritu Santo: «Se han aliado en esta ciudad contra tu santo siervo Jesús, que tú has ungido, Herodes y Poncio Pilato con las naciones gentiles y los pueblos de Israel (cf. Sal 2, 1-2), para llevar a cabo cuanto tu poder y tu sabiduría habían previsto que ocurriera» (Hch 4, 27-28).

En la muerte de Jesús, por encima de las causas inmediatas históricas —el Sanedrín, Pilato, etc.— hay una causa de nivel más alto que solo puede ser conocida por la revelación: el plan y la disposición de Dios Padre que han permitido los actos nacidos de la ceguera de los hombres para realizar el designio de nuestra salvación (cf. Hch 3, 17-18)[1].

b) ¿Por qué la cruz, en los planes divinos?

Y ¿por qué quiso Dios la cruz de Cristo para nuestra redención? Resulta muy difícil responder a esa pregunta, y constatamos que el escándalo ante la cruz no es una novedad: el sufrimiento humano ha inducido a muchos a pensar que es impropio de Dios el permitirlo, incluso se rebelan contra Él. El propio Pedro intentó apartar de la cruz a Cristo, y fue llamado Satanás por el Señor (cf. Mt 16, 23). Intentemos ver algún punto de luz en este misterio, aunque nunca está plenamente desvelado a nuestros ojos.

Según el sapientísimo y justísimo plan divino, el hombre, para liberarse del pecado cometido, debe poner algo de su parte: tiene que arrepentirse de él y reparar el desorden que este introdujo. Y *Dios dispuso que la reparación del género humano fuera completa, se debía quitar el pecado así como también todas sus consecuencias.*

La culpa del pecado, el alejamiento de Dios, la pérdida de la amistad con Dios, se repara con la gracia divina y la caridad que Dios infunde en el alma, con las que el hombre se convierte a Dios y se aparta del pecado. Ningún hombre tiene por sí mismo la vida divina de la gracia: solo Dios puede perdonar los pecados, solo Dios puede dar la gracia. Pero Cristo en su pasión se entregó a su Padre con un amor tan grande que ganó —mereció— para todos la gracia que nos justifica. Y, además, ahora la comunica a todos, como cabeza que es del género humano.

---

[1] Cf. CEC, 599, 600.

Dios también quiere liberarnos de *la pena del pecado*. ¿Y cómo? Dios es tan grande, sabio y bueno, que cuenta con las mismas penalidades derivadas del pecado para reparar al hombre pecador, para purificar su alma y para quitar el gran obstáculo para la vida sobrenatural que es el apego a la propia voluntad y al propio yo.

Esas penas no constituyen propiamente un castigo, pues Dios nunca hace ni quiere el mal: «¿Acaso me complazco yo en la muerte del malvado —palabra del Señor— y no más bien en que se convierta de su conducta y viva?» (Ez 18, 23). En la economía divina esas penas son medicinales y se ordenan a un bien mayor: a la vida sobrenatural, que es mucho más valiosa que la vida natural[2]. Así pues, las penalidades tienen una razón: constituyen una llamada a buscar nuestro verdadero bien y a confiarnos a Dios; aceptadas libremente sirven para reparar en nosotros el desorden introducido por el pecado, y esto es lo que en teología se llama «satisfacer».

Un poco más abajo estudiaremos esta noción; por ahora es suficiente afirmar que Cristo, nuevo Adán, asumió la pena principal del pecado común —la muerte—, para que todos nos viéramos liberados de ella.

2. Los que intervienen en la pasión y muerte de Cristo

Al estudiar quiénes son los autores de la pasión y muerte de Cristo constatamos que intervienen numerosas personas que

---

[2] Siempre resulta difícil encontrar una respuesta al dolor, pero es imposible a quien considera los bienes materiales como valores supremos (por ejemplo, la salud y el bienestar material). Sin una visión de fe el hombre no puede entender que la posesión de la vida eterna vale mucho más que ganar todo el mundo.

tienen muy diversa influencia y responsabilidad en la misma: unos la permiten, otros la realizan, etc.[3]

Para tener claridad en este tema conviene saber distinguir entre el autor de un hecho (su causa eficiente) y el motivo por el que se realiza (su causa final); especialmente al darnos cuenta que en castellano la misma preposición «*por*» indica unas veces el motivo o intención por la que se realiza algo, y otras veces señala al autor o agente de una acción. Por ejemplo, esa preposición tiene sentido diverso cuando decimos que alguien se esfuerza trabajando «por» sus hijos, que cuando decimos que determinado trabajo fue realizado «por» tal persona.

En este sentido, cuando la sagrada Escritura dice que Jesús murió «por nosotros» o «por todos» (cf. Rom 5, 8; 2 Cor 5, 15) o «por nuestros pecados» (cf. 1 Cor 15, 3; Gal 1, 4), expresa el motivo que tuvo la muerte de Cristo; es decir, la «causa final» de su pasión: Jesús murió para liberarnos de los pecados, para salvar a todos los hombres; y no significa su causa eficiente. Sin embargo, cuando decimos que Cristo padeció y fue rechazado «por las autoridades de los judíos» (cf. Lc 9, 22), nos referimos a los autores de la pasión de Cristo, es decir, su «causa eficiente»: los agentes que llevaron a Cristo a la crucifixión y muerte.

a) Dios Padre entregó a su Hijo por nosotros, pero no es causa de su muerte

Podría parecer que Dios Padre fue la causa o el autor de la pasión y muerte de Cristo, ya que en la revelación divina se afirma que «no perdonó a su propio Hijo, sino que le entregó por todos nosotros» (Rom 8, 32). Pero realmente el Padre es

---

[3] Santo Tomás de Aquino dedica explícitamente la cuestión 47 de la Tercera Parte de la *Summa Theologiae* a estudiar este tema.

solo su causa indirecta o permisiva: no la origina o procura, sino que solamente la tolera.

Si la permitió, aunque no la causara, es porque de ahí provendría un bien mayor. Pero ¿es imaginable algo mejor que la vida corporal de su Hijo? La respuesta es un misterio que no podemos comprender del todo. Sin embargo, con la luz de la fe podemos entrever que la gloria y la exaltación de Cristo que siguió a su muerte son mucho más valiosas que los sufrimientos que padeció (cf. Lc 24, 26; Flp 2, 8-11). Y también podemos admirar en este misterio el valor inmenso que tiene para Dios la salvación de las almas.

Entonces, ¿en qué sentido se puede decir que el Padre entregó a su Hijo por nosotros? Podemos decir que el Padre entregó a Cristo a la pasión y muerte porque según su eterna voluntad dispuso la pasión para reparar los pecados del género humano; también, porque llenando de caridad a Jesús, le inspiró la decisión de entregarse por nosotros; y, en tercer lugar, porque en la pasión no lo protegió de los perseguidores, aunque podía hacerlo.

b) Cristo se entregó a sí mismo por nosotros, obedeciendo la disposición divina

Cristo padeció y murió por obediencia. El Hijo de Dios ha bajado del cielo no para hacer su voluntad sino la del Padre que lo ha enviado (cf. Jn 6, 38). «Desde el primer instante de su encarnación el Hijo acepta el designio divino [...] 'Mi alimento es hacer la voluntad del que me ha enviado y llevar a cabo su obra' (Jn 4, 34). El sacrificio de Jesús 'por los pecados del mundo entero' (1 Jn 2, 2) es la expresión de su comunión de amor con el Padre [...] 'El mundo ha de saber que amo al Padre y que obro según el Padre me ha ordenado' (Jn 14, 31)» (CEC, 606).

«Cristo, pues, en cumplimiento de la voluntad del Padre [...] efectuó la redención con su obediencia» (LG, 3). Y como resume la Escritura: «Se hizo obediente hasta la muerte, y muerte de cruz» (Flp 2, 8).

Se trata de una obediencia vivida por amor: Cristo se ofrece a la pasión y muerte con plena libertad y a la vez identificándose del todo con la voluntad divina acerca de nuestra redención. No hay oposición alguna entre libertad y obediencia, sino una correspondencia perfecta: el verdadero amor a Dios se muestra cumpliendo libremente su voluntad aunque cueste.

Cristo voluntariamente aceptó y sufrió la pasión. Ya lo dijo Isaías del Siervo de *Yahveh*: «Se ofreció porque él mismo quiso» (Is 53, 7). Y así lo corrobora explícitamente el Nuevo Testamento acerca de Jesús: «se entregó a sí mismo» por nosotros (Ef 5, 2). Y Jesús explica esa libertad y poder: «Yo doy mi vida y la tomo de nuevo. Nadie me la quita, sino que yo la doy por mí mismo. Tengo el poder de darla y el poder de volverla a tomar» (Jn 10, 17-18).

«Nadie tiene mayor amor que el dar uno la vida por sus amigos» (Jn 15, 13). Jesús nos ha tenido presentes y nos ha amado a todos y se ha entregado por cada uno de nosotros: «El Hijo de Dios me amó y se entregó a sí mismo por mí» (Gal 2, 20)

Jesús aceptó libremente su pasión y su muerte por amor a su Padre y a los hombres que el Padre quiere salvar. De ahí la soberana libertad que demuestra cuando se encamina resueltamente hacia Jerusalén, sabiendo que allí iba a morir, o cuando en Getsemaní sale el encuentro de los que lo van a prender. La obediencia no se opone a la libertad, obedecer voluntariamente es precisamente una manifestación de libertad.

Cristo se entregó libre y voluntariamente a la pasión, por amor nuestro. Esto no significa en modo alguno que se matara a sí mismo, sino que no impidió la acción de los que lo ajusticiaron, aunque podía hacerlo (cf. Mt 26, 53). No quiso impedir esas acciones ni sus efectos naturales: «Como oveja que está muda ante los que la trasquilan, tampoco él abrió la boca como oveja que llevan al matadero» (Is 53, 7).

c) Los autores de la pasión y muerte de Cristo

Los autores de la pasión de Cristo —como lo señala la Escritura muchísimas veces— fueron los que llevaron a Cristo a la crucifixión y muerte: Judas, el Sanedrín, Pilato, los soldados, etc.[4] Detrás de todos ellos actuaba Satanás, que es homicida desde el principio (cf. Jn 8, 44); por eso la pasión fue la hora del «príncipe de las tinieblas» que se sirvió de Judas (cf. Lc 22, 3) y de los judíos que lo prendieron (cf. Lc 22, 53) como instrumentos.

La responsabilidad subjetiva de cada uno de los autores de la pasión solo la conoce Dios, y, además, hemos de tener presente que Jesús pidió perdón para ellos. Sin embargo, podemos señalar algunas situaciones objetivamente distintas:

—Judas, el traidor, uno de los Doce, uno de los amigos íntimos del maestro, que conocía bien su vida y doctrina y lo entregó a los judíos: su culpa es objetivamente muy grave.

—Las autoridades judías, el Sanedrín, tuvieron la información suficiente para saber que Jesús era el Mesías prometido y lo rechazaron[5]. Ciertamente, algunos de ellos creyeron en Cristo (como Nicodemo y José de Arimatea), pero la mayoría, por odio y envidia (cf. Jn 15, 24; Mt 27, 18), no creyeron en Él, le declararon reo de muerte, y forzaron a Pilato para que lo crucificara. En la Escritura se reconoce que tuvieron alguna ignoran-

---

[4] En la sagrada Escritura aparece muy claro que los autores de la pasión fueron aquellos que la llevaron a cabo, y no los discípulos, ni todos los judíos, ni todos los pecadores (cf. Lc 9, 22; 17, 25; Hch 2, 23; 4, 10; etc.). Los pecadores o los pecados no constituyen la causa eficiente —como a veces se dice—, ni la causa final de la pasión; hablando con propiedad los pecados o los pecadores son solo la «ocasión» de la libre venida de Cristo y de su pasión. La causa final es «la salvación» de los pecadores, o bien la «liberación» de los pecados.

[5] Cf. La parábola de los viñadores infieles (Lc 20, 9-19) o la propuesta de Caifás (Jn 11, 49-50).

cia, pero también se dice que no tuvieron excusa de su pecado[6]: Dios sabrá calibrar su culpa.

—Pilato pecó condenando al Justo por temor mundano al César (cf. Jn 19, 12-16), aunque como Jesús dijo: «Los que me han entregado a ti tienen mayor pecado» (Jn 19, 11). La culpa del Procurador fue menor, pues no conocía que Jesús era el Mesías Hijo de Dios.

—La muchedumbre de los judíos, que pidió a gritos la crucifixión del Señor y ratificó y aprobó su condena por Pilato (cf. Mt 27, 25), tenía un menor conocimiento que sus jefes y, además, fue guiada y manipulada por las autoridades legítimas de su pueblo: por eso, su culpa fue menor.

—Además, hemos de tener presente lo que con toda justicia señala el concilio Vaticano II: «Aunque las autoridades de los judíos con sus seguidores reclamaron la muerte de Cristo, lo que se perpetró en su pasión no puede ser imputado indistintamente a todos los judíos que vivían entonces ni a los judíos de hoy [...] No se ha de señalar a los judíos como reprobados por Dios y malditos como si tal cosa se dedujera de la sagrada Escritura»[7].

d) Los motivos aducidos en el proceso contra Jesús

Los falsos motivos que aducían los judíos para rechazarle fueron principalmente: el valor de la Ley, el sentido del Templo, y la declaración de Jesús de ser Hijo de Dios.

---

[6] Por una parte tuvieron ignorancia, pues Jesús mismo dice: «Padre, perdónales porque nos saben lo que hacen» (Lc 23, 34). Pero por otra parte fueron culpables, como también señala el Señor: «No tienen excusa de su pecado [...] Si no hubiera hecho entre ellos obras que ninguno otro hizo, no tendrían pecado; pero ahora no solo han visto, sino que me aborrecieron a mí y a mi Padre» (Jn 15, 22-24).

[7] Conc. Vaticano II, *Nostra aetate*, 4. Cf. CEC, 597.

Jesús y la Ley de Moisés[8]. A los ojos de algunos de sus contemporáneos Jesús parecía actuar contra la Ley de Moisés. Por ejemplo, al desaprobar ciertas «*tradiciones humanas*» de los fariseos que anulaban los preceptos de Dios (cf. Mc 7, 8-13).

También parece chocar con los judíos cuando Jesús enseñó sobre *la pureza de los alimentos*, tan importante en la vida cotidiana judía: «Todo lo que de fuera entra en el hombre no puede hacerle impuro [...] Así declaraba puros todos los alimentos, pues decía: lo que sale del hombre, eso es lo que hace impuro al hombre» (Mc 7, 18-21).

Otro tanto ocurre respecto al *sábado*: Jesús recuerda que el descanso del sábado no se quebranta por el servicio de Dios (cf. Mt 12, 5) o al prójimo (cf. Lc 13, 15-16).

Pero hemos de decir que Jesús no abolió la Ley del Sinaí, sino que la perfeccionó (cf. Mt 5, 17-19) y reveló su hondo y auténtico sentido (cf. Mt 5, 33).

Jesús y el Templo de Jerusalén[9]. A los ojos de algunos judíos, Jesús parece actuar contra el carácter sagrado del Templo porque anunció —en el umbral de su pasión— la ruina de ese edificio, del cual no quedaría piedra sobre piedra (cf. Mt 24, 1-2).

Pero Jesús veneró el Templo subiendo a él en peregrinación en las fiestas judías, pagaba el impuesto del Templo, y amó con gran celo esa morada de Dios entre los hombres.

Lejos de haber sido hostil al Templo, Jesús se identificó con el Templo presentándose como la morada definitiva de Dios entre los hombres (cf. Jn 2, 21; Mt 12, 6). El Templo prefigura su misterio: su muerte corporal anuncia la destrucción del Templo.

---

[8] Cf. CEC, 577-582.
[9] Cf. CEC, 583-586.

Jesús y la fe de Israel en el Dios único[10]. Si la Ley y el Templo pudieron ser ocasión de «contradicción» (cf. Lc 2, 34) entre Jesús y las autoridades religiosas de Israel, mucho más grave fue el hecho de que Jesús se arrogaba una condición divina.

Jesús escandalizó a algunos contemporáneos porque decía que *perdonaba los pecados,* acción exclusivamente divina. Les escandalizó también cuando dijo que Él era «más que Salomón» (Mt 12, 42) o cuando afirma: «Antes que naciese Abraham, Yo soy» (Jn 8, 58); e incluso: «El Padre y yo somos uno» (Jn 10, 30).

Muchos judíos vieron en Él a «un hombre que se hace Dios» (Jn 5, 18; 10, 33), y le juzgaron blasfemo (cf. Mt 26, 64-66), aunque deberían haber creído a la obras de su Padre que Él realizaba (cf. Jn 10, 36-38).

Verdaderamente «vino a los suyos y los suyos no lo recibieron» (cf. Jn 1, 14). ¡Qué cosa más incomprensible, «que el juez sea juzgado, que la justicia sea condenada, que muera la misma vida»![11]. Pero cuando venga el Espíritu Santo se verá, a la luz de la fe, cuál es el verdadero pecado, cuál la verdadera justicia y cuál es el juicio verdadero (cf. Jn 12, 8-11).

3. Los padecimientos de Cristo en su pasión

Los cuatro Evangelios nos narran paso a paso la dolorosa historia de la pasión del Señor: desde la agonía en el huerto de Getsemaní, siguiendo por el inicuo proceso religioso ante las autoridades judías, pasando por el injusto proceso civil ante Pilato con todas sus vicisitudes —con la flagelación, la coronación de espinas y la condena a muerte—, siguiendo con el «*via*

---

[10] Cf. CEC, 587-591.
[11] S. Agustín, *Sermo 191 in Nativitate Domini.*

crucis», y llegando a la terrible crucifixión, agonía y muerte en la cruz.

Jesús padeció por parte de los judíos y de los gentiles; por parte de las autoridades, de la muchedumbre y, lo que es más penoso, por parte de sus amigos: de Judas que lo entregó, Pedro que le negó, y los suyos que le abandonaron.

Padeció interiormente en su alma hasta entrar en agonía por la tristeza y el temor ante la muerte cierta. Tuvo una inmensa pena de los pecados de todo el género humano, así como por la ruina de su pueblo, por la caída de Judas y el escándalo de sus discípulos. Sufrió también moralmente por las humillaciones, injusticias, burlas e insultos inmisericordes... por parte de todos los que lo perseguían.

Padeció tremendamente en su cuerpo por las terribles heridas de la flagelación, la coronación de espinas, la dolorosísima crucifixión con todos los sufrimientos físicos que llevaba consigo, y la horrible agonía en la cruz hasta la muerte.

Isaías ya había profetizado los padecimientos del Siervo de *Yahveh*, que aparecía «despreciable y desecho de hombres, varón de dolores y sabedor de dolencias [...] Le tuvimos por azotado, herido de Dios y humillado. Él fue herido por nuestras rebeldías, molido por nuestras culpas» (Is 53, 3-5).

4. La pasión de Cristo como sacrificio

Sacrificio. San Agustín afirma que: «Toda acción realizada para unirnos a Dios en santa comunión y poder ser bienaventurado es un verdadero sacrificio»[12]. Por eso, el auténtico objeto del sacrificio que podemos ofrecer somos nosotros mismos, esto

---

[12] S. Agustín, *De civitate Dei,* 10 (cf. CEC, 2099).

es entregarnos y someternos completamente a Dios. Y la sagrada Escritura describe la pasión de Cristo como un sacrificio, lo cual significa el ofrecimiento de sí mismo hecho a Dios Padre y la renuncia a sí mismo, con el fin de reconciliarnos con Él y llevarnos a la comunión con Dios.

Los profetas recuerdan al Pueblo de Dios la vanidad de los sacrificios exteriores que ofrecían; y repiten de diversas formas: «Quiero misericordia y no sacrificios; conocimiento de Dios, más que holocaustos» (Os 6, 6)[13]. El mismo Cristo frente a los fariseos, que hacían más ayunos y sacrificios que los demás, también rechaza ese culto exterior. Pero, si prestamos atención, Jesús no rechaza todo sacrificio sino que nos enseña que este consiste principalmente en el amor y entrega a Dios y en el arrepentimiento del pecado.

Así pues, en el verdadero sacrificio hay un elemento interior y otro exterior: «Todo sacrificio visible es sacramento del sacrificio invisible, es decir, signo sagrado»[14]. El *sacrificio exterior*, la oblación a Dios de algo externo, es solo el signo del *sacrificio interior o espiritual*, de la entrega personal a Dios por amor, que constituye el elemento principal del sacrificio, y lo que le confiere valor. Sin la entrega interior, el sacrificio externo no vale nada: «Los sacrificios no te satisfacen: si te ofreciera un holocausto, no lo querrías. *Mi sacrificio es un espíritu contrito*» (Sal 51/50, 18-19). Este es el culto razonable y agradable a Dios, del que habla san Pablo (cf. Rom 12, 1), que consiste en la ofrenda total de la propia persona[15].

---

[13] Cf. 1 Sam 15, 22: «¿Acaso se complace *Yahveh* en los holocaustos y sacrificios tanto como en la obediencia a su palabra? La obediencia vale más que el sacrificio, y la docilidad, más que la grasa de carneros».

[14] S. Agustín, *De civitate Dei*, 10.

[15] Cf. Benedicto XVI, Ex. Ap. *Mysterium caritatis*, 2007, n. 70.

a) La pasión de Cristo es un sacrificio

Los racionalistas niegan que la pasión y muerte de Cristo fuese un sacrificio; para ellos consistió en un simple ajusticiamiento. Según ellos, Cristo nunca habría tenido la intención de ofrecerse para reparar los pecados del mundo. El valor de la muerte de Cristo, en todo caso, estaría solamente en la ejemplaridad de su «no-violencia» con que afronta la persecución o en su abandono en la divina Providencia.

Sin embargo, la Escritura nos enseña abiertamente que la pasión y muerte de Cristo constituyeron un verdadero sacrificio: «Se entregó por nosotros en oblación y hostia de suave olor» (Ef 5, 2); como «víctima propiciatoria» o como «sacrificio de propiciación» (Rom 3, 25; 1 Jn 2, 2). Y Jesús en la última cena presenta su muerte como el sacrificio de la nueva alianza sellada con su sangre. Asimismo el Magisterio de la Iglesia enseña universalmente que nuestro Señor Jesucristo nos redimió por el sacrificio de la cruz.

La pasión es un sacrificio porque en ella Cristo se ofrece voluntariamente a su Padre para reconciliar a los hombres con Dios. Ciertamente que por parte de los que crucificaron a Cristo la pasión no fue ningún sacrificio, sino una iniquidad y un crimen; pero por parte de Cristo, que padecía libremente y por amor, fue un acto supremo de entrega, un verdadero sacrificio.

Si nos fijamos un poco más, veremos que el sacrificio interior de Jesús fue verdadero y perfecto desde la encarnación (cf. Heb 10, 5-10), aunque el sacrificio exterior de su vida solo se consumó en su pasión y muerte.

b) La pasión de Cristo como sacrificio perfectísimo y plenamente eficaz

El sacrificio de Cristo es máximamente acepto a Dios y tiene como efecto la reconciliación de todos los hombres con Dios.

Siguiendo a san Agustín, veamos algunas razones de su perfección y eficacia[16].

En primer lugar, el *oferente* es el mismo Hijo de Dios hecho hombre, que ofrece el sacrificio con plena libertad y por amor, movido por el Espíritu Santo (cf. Heb 9, 14). Y como Él es uno con el Padre, a quien se ofrecía, su sacrificio no puede ser rechazado.

En segundo lugar, *lo ofrecido* era todo su amor y la vida humana del Hijo de Dios: «Se entregó a sí mismo» (Ef 5, 2), su alma y su cuerpo. Y como esta víctima ofrecida tenía una dignidad infinita, era máximamente acepta a Dios.

Y en tercer lugar si consideramos *por quiénes se ofrecía*, veremos que Cristo no ofreció su sacrificio en favor de sí mismo, pues no tenía necesidad de reconciliarse con su Padre, sino por nosotros, «por los pecados de todo el mundo» (1 Jn 2, 2), como cabeza nuestra y haciéndose por amor uno con nosotros. Y como es uno con el Padre y, a la vez, se hace uno con nosotros, por los que se ofrecía, su sacrificio es máximamente eficaz y alcanza su fin, que es nuestra reconciliación con Dios.

5. El valor salvífico de la pasión de Cristo

La fe nos dice que toda la obra de Cristo, especialmente su pasión y muerte, nos alcanza el perdón de los pecados. Y ¿por qué la pasión de Cristo puede quitar el pecado? ¿Qué valor encierra para mi salvación? ¿De qué modo lo consigue?

a) *Carácter meritorio de la pasión de Cristo*

Noción de mérito. «Mérito» es una noción del ámbito de la justicia humana y consiste en el derecho a un premio o retribución por una obra realizada.

---

[16] Cf. S. Agustín, *De Trinitate*, IV.

Pero con relación a Dios debemos atender a la analogía del lenguaje, pues el hombre propiamente no tiene ningún derecho ante Dios, ni puede exigir nada a Dios. Si el hombre puede «merecer» algo ante Dios es porque Él previa y libremente ha establecido retribuir algunas acciones nuestras nacidas del amor, y solo en relación a ese ordenamiento nuestras obras pueden ser dignas del premio prometido. Además, Dios concede graciosamente al hombre aquello con lo que puede merecer: la gracia que da valor divino a nuestras obras; de este modo Él corona en nosotros sus propios dones, como dice san Agustín.

La pasión de Cristo nos merece nuestra salvación. La causa meritoria de la justificación es «nuestro Señor Jesucristo, el cual [...] 'por el gran amor con que nos amó' (Ef 2, 4), nos mereció la justificación por su pasión santísima en el madero de la cruz», enseña el concilio de Trento[17]. Aunque la palabra «mérito» no se encuentra en la Escritura su contenido sí está expresado de otras formas: p. ej., Jesús nos salva como fruto de su sacrificio.

Cristo merece porque sus obras, nacidas de su amor y libertad, son dignas ante Dios Padre para alcanzar el fin al que estaban destinadas. Por tanto, *todas sus acciones son meritorias,* pero además en su pasión —voluntariamente aceptada— *mereció de modo particular* como premio a la tremenda e injusta humillación que padeció, su exaltación gloriosa (cf. Flp 2, 8-11; Lc 14, 11), y mereció para nosotros la gracia que nos justifica: Él ha sido el grano de trigo que cae en tierra y muere, y así produce mucho fruto (cf. Jn 12, 24).

Aunque, en principio, el mérito —el título para el premio— mira solo a la retribución de la persona que ha realizado una determinada obra, sin embargo, la fe nos enseña que Cristo mereció la gracia para todos los hombres, pues a este fin estaba

---

[17] DS, 1529.

ordenada la encarnación del Verbo. Y Él mereció para todos la gracia que quita el pecado, pues se ofreció por nosotros como cabeza nuestra, haciéndonos una sola cosa consigo mismo.

b) Carácter satisfactorio de la pasión y muerte de Cristo

Noción de satisfacción. La satisfacción es otra noción que procede del ámbito jurídico y que consiste propiamente en la reparación de una falta u ofensa mediante la entrega de alguna compensación proporcionada. Pero aquí también, con relación a Dios, hemos de atender a la analogía del lenguaje, y la empleamos para significar que, según el sapientísimo y justísimo plan divino, el hombre para liberarse totalmente del pecado debe poner algo de su parte; y esto lo llamamos «satisfacer» por la semejanza que tiene con lo que se acostumbra hacer entre los hombres para cancelar completamente una ofensa o una falta[18].

Y, en concreto, ¿qué tiene que hacer el hombre para librarse completamente del pecado? Para eliminar la culpa del pecado, el hombre debe arrepentirse —con la gracia santificante— y volver al amor de Dios. En cambio, para curar el desorden causado en el alma, Dios dispuso que los hombres sufriéramos algunas penalidades derivadas de ese pecado —no a modo de castigo— sino para que nos sirvieran de medicina para reparar las heridas causadas. Asumir libremente las penalidades derivadas del pecado es la «satisfacción» y el remedio que Dios ha previsto, y que nos purifica y sana espiritualmente.

Pero no todas las penas derivadas del pecado sirven para la restauración del hombre, sino solo las que afectan a bienes exte-

---

[18] «Liberado del pecado [por la absolución sacramental], el pecador debe todavía recobrar la plena salud espiritual. Por tanto, debe hacer algo más para reparar sus pecados: debe satisfacer de manera apropiada o expiar sus pecados» (CEC, 1459).

riores y que pueden servir para alcanzar los bienes espiritua-les[19]. Concretamente, la satisfacción que Dios ha previsto y que sirve para reparar el desorden interior consiste sobre todo en aceptar y llevar voluntariamente algunas penalidades exterio-res y especialmente la muerte[20], como acto de sumisión y en-trega a Dios, y como renuncia a uno mismo y a la propia volun-tad que nos apartó de Dios, como manifestación de un espíritu contrito, de un corazón contrito y humillado (cf. Sal 51/50, 19).

Para satisfacer se requiere «a modo de materia» asumir vo-luntariamente las penas del pecado, y «por principio y fuente de la eficacia satisfactoria» la caridad penitente: se trata de aceptar y recibir por amor a Dios las penalidades de la vida que derivan del pecado[21].

La pasión de Cristo satisface por los pecados del mundo. El con-cilio de Trento al hablar de Jesús como causa de la justificación dice que Él «nos mereció la justificación por su pasión santísi-ma en el leño de la cruz *y satisfizo por nosotros a Dios Padre*»[22].

El Hijo de Dios, Santo y Justo, por amor, se ha hecho solida-rio con nosotros pecadores y, como cabeza del linaje humano, ha aceptado la muerte, que es la pena del pecado común y

---

[19] Los defectos morales derivados del pecado (la privación de la gracia, la ignorancia, el desorden moral, etc.), no sirven para reparar al hombre caído sino que son impedimentos; es más, son parte del desorden que hay que eliminar (cf. *S. Th*. III, q.14, a.1; III, q.46, a.4, ad 2; *Comp. Th*. cap 226, nn. 471-474).

[20] La muerte es la pena principal del pecado, la pena a la que todas las de-más se ordenan, el fruto y salario del pecado (cf. Rom 6, 21-23; 1 Cor 15, 56; cf. también: CEC, 602; *Comp. Th*. cap. 227, n. 475). Así lo anuncia Dios al inicio de la historia cuando avisa al hombre que si peca morirá (cf. Gen 2, 17).

[21] Cf. *S. Th*. III, q.14, a.1, ad 1; cf. *S. Th*. I-II, q.87, aa.6-8; Conc. de Trento, DS, 1690.

[22] Conc. de Trento, DS, 1529.

máxima renuncia a uno mismo[23]. Y con su posterior resurrección y glorificación Cristo venció esa pena derivada del pecado. De modo que nosotros, uniéndonos a Él, podemos participar de su victoria y ser liberados de todas las penalidades.

El sentido de la satisfacción «vicaria». Dios, en su designio salvífico ha querido que Jesús actúe como cabeza de la humanidad, solidario con nosotros, y *consiga para nosotros lo que no podíamos lograr.* Esto es lo que expresa la fórmula habitual de satisfacción «vicaria» de Cristo: del «justo por los injustos, para llevarlos a Dios» (1 Pe 3, 18), de uno *«por»* todos, *«en favor de»* todos (cf. 2 Cor 5, 14); pero no *«en lugar de»* todos[24].

Jesús nos representa e intercede en favor nuestro, pero *no nos sustituye*, pues, por ejemplo, no decide por nosotros, puesto que somos nosotros los que debemos arrepentirnos de los pecados; y tampoco nos ahorra en esta vida las penas del pecado, incluida la muerte.

Como vemos, la satisfacción vicaria de Cristo como cabeza nuestra no tiene el sentido de la «sustitución penal» de los reformadores, ni el de la «satisfacción anselmiana», que pretendía dar una compensación adecuada a Dios por el mal que el pecador le ha causado. Ambos planteamientos sostienen que Jesús «nos sustituye» en el castigo o en la satisfacción.

---

[23] Cuando la Escritura dice que «Él llevó nuestros pecados en su cuerpo» (1 Pe 2, 24; cf. Is 53, 13), o que Dios Padre «lo hizo pecado por nosotros» (2 Cor 5, 21), significa que Jesús sufrió las «penas» derivadas del pecado —el dolor y la muerte—, pero no significa que asumiera nuestras «culpas» sobre sí y se hiciera pecador.

[24] Las preposiciones griegas que usa el Nuevo Testamento a este respecto impiden la posible confusión que puede darse en castellano cuando decimos que Cristo satisface «por» nosotros. Cristo actúa «en favor de» nosotros (griego: *upér, perí*; latín: *propter, pro*), y no «en lugar de» nosotros (griego: *antí*; latín: *loco*).

6. La devoción a la pasión de Cristo

a) La contemplación de la pasión de Cristo

La contemplación de la pasión de Cristo ha hecho muchos santos. San Pablo confiesa: «No me he preciado entre vosotros de saber otra cosa sino a Jesucristo, y a este, crucificado» (1 Cor 2, 2). Así también nosotros debemos tener nuestro corazón puesto en Jesús que nos ha amado antes, más y mejor.

Para esto hemos de aunar la piedad con la doctrina; hemos de meditar atentamente esos sucesos de modo que nos interpelen personalmente, sabiendo que Jesús, durante su vida y su pasión nos tenía presentes y nos amaba; por cada uno de nosotros se ofreció y sufrió esos padecimientos: «El Hijo de Dios me amó y se entregó a sí mismo por mí (Gal 2, 20)»[25].

De este modo, la contemplación de la pasión de Cristo *nos mueve a amarle*, ya que Él nos ha dado pruebas de la grandeza de su amor: «Nadie tiene amor mayor que el dar uno la vida por sus amigos» (Jn 15, 13). Y amor con amor se paga: hemos de responderle con un sincero amor que se muestra con las obras.

Asimismo *nos mueve a la contrición, a la conversión y a luchar para evitar el pecado*, ya que apreciamos más claramente su malicia y lo que le hemos costado al Señor: «Habéis sido comprados mediante un precio» (1 Cor 6, 20; cf. 1 Pe 1, 18-19).

La pasión de Cristo *nos mueve a seguirle e imitarle*: «Cristo padeció por vosotros, dándoos ejemplo para que sigáis sus huellas» (1 Pe 2, 21). Verdaderamente Jesús en su pasión es ejemplo de caridad, de fortaleza y paciencia, de humildad y obediencia (cf. Flp 2, 7-8), y de toda virtud.

La contemplación de la pasión de Cristo también *nos mueve a la generosidad para abrazar la voluntad de Dios, aunque a veces suponga cargar con la cruz*. Para seguir a Cristo no hay otro

---

[25] Cf. CEC, 478.

camino: «Si alguno quiere venir en pos de mí niéguese a sí mismo, tome su cruz cada día y me siga» (Lc 9, 23).

La pasión de Cristo *nos enseña el sentido del dolor y del sufrimiento*, pues nos enseña que «es necesario que pasemos por muchas tribulaciones para entrar en el reino de Dios» (Hch 14, 22). Jesús no ha eliminado nuestros sufrimientos ni nos evita la muerte, pero ha transformado todas estas penalidades: ahora nuestros sufrimientos sirven de purificación y de mérito, son participación de su cruz y de su obra redentora, son camino de la salvación y de la verdadera vida. El dolor y la muerte ya no son males absolutos y definitivos a temer, ahora los podemos afrontar con serenidad y esperanza y unirlos a la cruz de Cristo para nuestra redención y la de todo el mundo (cf. Col 1, 24).

b) La santa Cruz

La cruz es un recuerdo y un *símbolo directo de la pasión y muerte de Cristo*, que Él ofreció por amor nuestro, para liberarnos del pecado y de la condenación, *y significa de modo compendiado todo el misterio redentor*[26]. Así lo sugiere la liturgia: «Te adoramos, Cristo, y te bendecimos porque con tu Cruz redimiste el mundo».

Por esta razón la cruz de Cristo no tiene para los creyentes un sentido de tristeza ya que significa la victoria y liberación del pecado y de la muerte: «significa la gracia de la redención» (CEC, 1235)[27].

---

[26] Como ya sabemos, la pasión de Cristo constituye la consumación de su entrega por nosotros, y es el misterio al que «especialmente» atribuimos nuestra salvación, aunque Jesús nos redime con todos los misterios de su vida, y nos comunica esa redención una vez resucitado y glorificado a la diestra del Padre.

[27] Jesús mismo comparó la cruz con el estandarte que Moisés levantó en el desierto, para salvar al pueblo de la muerte que ocasionaban las serpientes; así en Él, elevado en la cruz, tenemos la salvación (cf. Jn 3 14-15).

De aquí procede la *devoción a la santa Cruz* tan difundida en la Iglesia con múltiples manifestaciones: nos signamos con la cruz como confesión externa de nuestra fe; en la liturgia se introdujo la cruz para bendecir, para conferir el perdón y en otras muchas ceremonias; la cruz está en los altares, coronando los edificios sagrados, etc. Y «nosotros hemos de gloriarnos en la cruz de nuestro Señor Jesucristo: en Él está nuestra salvación, vida y resurrección»[28].

---

[28] Antífona de entrada de la Misa de la fiesta de la Exaltación de la santa Cruz.

Capítulo 12

LA GLORIFICACIÓN Y EXALTACIÓN DE CRISTO Y SU VALOR SALVÍFICO

La predicación de los apóstoles sobre Jesús no termina en su muerte, sino en su exaltación a partir de su resurrección de entre los muertos. Por ejemplo, san Pablo escribe a los corintios como un resumen esencial de su enseñanza: «Os transmití, en primer lugar, lo que a mi vez recibí: que Cristo murió por nuestros pecados, según las Escrituras; que fue sepultado y que resucitó al tercer día, según las Escrituras; que se apareció a Cefas y luego a los Doce» (1 Cor 15, 3-4). Trataremos ahora, pues de la resurrección de Cristo, su ascensión y su exaltación en la gloria a la derecha del Padre.

1. La resurrección de Cristo, acontecimiento histórico y trascendente

a) *Teorías que niegan la realidad histórica de la resurrección*

Para el racionalismo solo son «históricos» aquellos sucesos cuyas causas y efectos son intramundanos y comprobables por la experiencia. Y, de acuerdo con esa mentalidad, la crítica histórica rechazó como mito no histórico el hecho de la resurrección de Cristo. Según esos autores, en la mente de los discípulos poco a poco se fue abriendo paso la creencia en la resurrección, que realmente nunca aconteció: fue la fe en Jesús la que creó la idea de la resurrección (que sería un «producto» de la fe o de la credulidad de la primera comunidad cristiana), y no la resurrección de Cristo la que engendró la fe en Él.

Así, para unos, el mito de la resurrección de Cristo sería la expresión simbólica de la creencia en Cristo como Salvador, esto es, una expresión de la fe en el valor redentor de su pasión, lo cual habría sido confirmado por Dios resucitándole. Para otros, sería el modo figurado de expresar la experiencia subjetiva e interior de la visión de Cristo que tuvieron algunos cristianos (como san Pablo en el episodio de su conversión camino de Damasco), que se interpretaron como apariciones externas y reales. Y para otros, sería el modo figurado de significar la pervivencia del influjo y de la memoria de Cristo en sus discípulos. Así, llegan a conceder que Cristo resucitó «en la fe de los discípulos», pero no en la realidad.

Por otro lado, hay otros autores, también entre los católicos, que aun aceptando la verdad de la resurrección, la califican como acontecimiento «ahistórico» o «metahistórico», y no propiamente «histórico». Pero empleando esa terminología —aunque afirmen el hecho de la resurrección— existe el riesgo de negar su carácter real, ya que en el lenguaje usual lo que no es histórico no se puede decir que haya ocurrido verdaderamente.

b) La revelación afirma indudablemente la realidad histórica de la resurrección

La Escritura insiste de muchas formas en la realidad de la resurrección; p. ej., «¡El Señor ha resucitado *realmente* y se ha aparecido a Simón!» (Lc 24, 34). Asimismo la Tradición repite que Jesús resucitó *verdaderamente*, como afirma que nació verdaderamente de María Virgen, y murió verdaderamente en la cruz.

La resurrección de Cristo es un acontecimiento real verificado en un marco preciso de lugar y de tiempo, que tuvo manifestaciones históricamente comprobadas por testigos fiables que nos lo transmitieron, y que tuvo los suficientes signos como para poder afirmar que verdaderamente sucedió. Por eso goza al menos de la misma historicidad que cualquier otro suceso real acaecido en el pasado.

El signo del sepulcro vacío. La ausencia del cuerpo de Cristo en el sepulcro no es en sí una prueba directa de la resurrección, pues podría explicarse de otro modo. A pesar de eso, el sepulcro vacío constituye un signo esencial y necesario para poder afirmar que realmente había resucitado. El sepulcro vacío y las vendas en el suelo prepararon a los discípulos para el reconocimiento del hecho de la resurrección, como sucedió en primer lugar con las santas mujeres y después con Pedro y los demás.

La comprobación de la resurrección por las apariciones de Jesús resucitado. Jesús mismo, al que habían visto muerto y habían sepultado, se manifestó vivo y glorioso a los suyos (seguramente a su Madre en primer lugar, a María de Magdala y a las santas mujeres; a Pedro; a los de Emaús; a los discípulos en el cenáculo; otra aparición a los ocho días con Tomás, etc.).

Con sus apariciones les dio pruebas concluyentes de la verdad de su resurrección: que vive verdaderamente; que su cuerpo es verdadero, de carne y hueso, y no un espíritu; y que es Él mismo, el que había sido crucificado[1]. Realmente Cristo ha vuelto a la vida: *surrexit Dominus vere!*

---

[1] Por ejemplo: sigue llevando las huellas de su pasión (cf. Lc 24, 39-40; Jn 20, 20.27).

c) La fe en la resurrección no procede de la credulidad de los apóstoles, sino de la experiencia directa de la realidad de Jesús resucitado

«Ante estos testimonios es imposible interpretar la resurrección de Cristo fuera del orden físico, y no reconocerlo como un *hecho histórico*. Sabemos por los hechos que la fe de los discípulos fue sometida a la prueba radical de la pasión y de la muerte en cruz de su maestro [...] Los Evangelios, lejos de mostrarnos una comunidad arrobada por una exaltación mística, nos presentan a los discípulos abatidos ('la cara sombría': Lc 24, 17) y asustados (cf. Jn 20, 19). Por eso no creyeron a las santas mujeres que regresaban del sepulcro y 'sus palabras les parecían como desatinos' (Lc 24, 11). Cuando Jesús se manifiesta a los once en la tarde de Pascua 'les echó en cara su incredulidad y su dureza de cabeza por no haber creído a quienes lo habían visto resucitado' (Mc 16, 14)» (CEC, 643).

Tan imposible parece este hecho a los discípulos que, incluso puestos ante la realidad de Jesús resucitado, todavía creen ver un espíritu (cf. Lc 24, 37-39). «No acaban de creerlo a causa de la alegría, y estaban asombrados» (Lc 24, 41). Por esto la hipótesis según la cual la resurrección habría sido un producto de la credulidad (o de la sugestión) de los apóstoles no tiene consistencia. «Por el contrario, su fe en la resurrección nació —bajo la acción de la gracia divina— de la experiencia directa de la realidad de Jesús resucitado» (CEC, 644)[2].

---

[2] Cf. CEC, 656.

*d) La resurrección, además de ser un hecho histórico,
   es también un misterio que trasciende la historia*

Este hecho histórico es a la vez un misterio de la fe que trasciende la historia en algunos aspectos: en aquellos que se relacionan con la vida y la acción de Dios Uno y Trino.

En primer lugar, la resurrección de Cristo es objeto de fe en cuanto intervención transcendente de Dios mismo en la historia, en cuanto es obra de la Santísima Trinidad.

En segundo lugar, es un hecho misteriosamente transcendente en lo que se refiere a la glorificación de Cristo, a la perfecta participación de su humanidad en la vida divina.

Y, en tercer lugar, es objeto de fe en cuanto al sentido y valor salvífico que tiene para nosotros: Cristo se revela como nuestro Dios y Señor; el resucitado es el Salvador que nos libra del pecado y nos comunica la vida de Dios.

Así pues, la resurrección de Cristo es en sí mismo un hecho plenamente histórico, pero tiene también aspectos trascendentes que superan la pura dimensión histórica.

2. La resurrección de Cristo es una obra del poder divino

La resurrección de Cristo es una obra del infinito poder divino (cf. 2 Cor 13, 4), de la omnipotencia divina común a las divinas personas de la Santísima Trinidad.

Según las sagradas Escrituras esta acción grandiosa «se realiza por el poder del Padre que ha resucitado a Cristo, su Hijo» (CEC, 648)[3]. Ya había sido anunciado que el Mesías no experimentaría la corrupción del sepulcro, pues Dios (Padre) no lo abandonaría en los infiernos[4].

---

[3] Cf. Hch 2, 24; 3, 15; 4, 10; 10, 40; etc.

[4] Cf. Sal 16/15, 8-11 (LXX), como lo interpreta san Pedro el día de Pentecostés (cf. Hch 2, 22-28).

También decimos que el Hijo resucita *por su propia virtud y poder*; pues uno mismo es el poder divino del Padre y del Hijo, y una misma la operación de ambos. En efecto, la Escritura también se refiere a la resurrección como un resurgir de Cristo en virtud de su propio poder, como Jesús afirma expresamente: «doy mi vida, para tomarla de nuevo... Tengo poder para darla y poder para recuperarla de nuevo» (Jn 10, 17-18). También numerosos símbolos de la fe confiesan explícitamente esta realidad[5].

Y también decimos que el Espíritu Santo, por el poder divino que tiene en común con el Padre y el Hijo, ha dado vida al cuerpo de Cristo (cf. Rom 8, 11).

3. El estado glorioso de la humanidad de Cristo resucitado

La resurrección de Cristo no fue un simple retorno a la vida terrena como en el caso de las resurrecciones de la hija de Jairo o del joven de Naím o de Lázaro. Cristo resucitado tiene en su humanidad otra vida más allá del tiempo y del espacio, se ha transformado.

Jesús en sus apariciones a los apóstoles muestra que su «cuerpo auténtico y real posee al mismo tiempo las propiedades nuevas de un cuerpo glorioso: no está situado en el espacio ni en el tiempo, pero puede hacerse presente a su voluntad donde quiere y cuando quiere (cf. Lc 24, 15-16.36) [...] Jesús resucitado es soberanamente libre de aparecer como quiere: bajo la apariencia de un jardinero (cf. Jn 20, 14-15) o 'bajo otra figura' (Mc 16, 12) distinta de la que les era familiar a los discípulos (cf. Jn 21, 4-7)» (CEC, 645).

---

[5] Cf. Pablo VI, *Solemnis professio fidei*, 30.VI.68, n. 12. Cf. también Conc. XI de Toledo, DS, 539.

Desde su resurrección, el cuerpo de Jesús, que es auténtico y material, al mismo tiempo se ha hecho «*espiritual*» (cf. 1 Cor 15, 44-46), es decir, enteramente sometido al espíritu (sigue a la voluntad en todo; por ejemplo, para aparecer donde, cuando y como quiere: con su fisonomía propia o con otra, con las señales de la pasión o sin ellas; etc.). Este es el sentido inmediato de las propiedades de agilidad y sutileza que se suelen enumerar para los cuerpos resucitados.

Pero a su vez esas nuevas propiedades proceden de la perfecta participación de la vida divina en su humanidad: ahora, Cristo resucitado es «*glorioso*» (cf. 1 Cor 15, 43), su *humanidad ha sido divinizada especialmente*, y el cuerpo de Cristo resucitado participa también de modo maravilloso de las propiedades divinas y sobrepasa las barreras terrenas del tiempo y del espacio: ya no puede sufrir ni morir (cf. Rom 6, 9; Ap 1, 18), es incorruptible e inmortal, está lleno de poder, etc. (cf. 1 Cor 15, 43). Este es el sentido de las propiedades de gloria e impasibilidad que también se suelen enumerar para los cuerpos resucitados.

San Pablo nos dice que Jesús resucitado es «espíritu vivificante» (cf. 1 Cor 15, 45), indicando la plena divinización de su humanidad y también *el poder vivificador o santificador que posee* sobre los hombres. La vida divina que llena totalmente a Jesús está destinada a ser comunicada a los hombres por la acción del Espíritu divino que enviará.

4. Sentido salvífico de la resurrección de Cristo

Frecuentemente se ha considerado el hecho de la resurrección de Cristo bajo el aspecto exclusivamente apologético (pues demuestra que Jesús es el Hijo de Dios), sin tener suficientemente en cuenta su significación salvífica. A partir del siglo xvi, bastantes autores resumieron y finalizaron el misterio de nuestra salvación en la muerte de Cristo en la cruz, de tal modo que su resurrección parecía una simple consecuencia sin contenido redentor.

Pero un estudio más atento de la sagrada Escritura y de la Tradición pone de manifiesto que —aun afirmando el pleno valor redentor del sacrificio de la cruz— se debe reconocer también el valor salvífico de la resurrección: *no solo somos salvados por la gracia infundida ahora en atención a los méritos pasados de la pasión y muerte de Cristo, sino que somos salvados por Él mismo resucitado: ahora somos salvados en virtud de la acción de la divinidad con la colaboración instrumental de la humanidad de Cristo.* Así pues, la glorificación de Cristo no debe entenderse como algo que acaeció una vez cumplida la redención del género humano, sino que es parte integrante de la obra de la salvación de los hombres, parte esencial del misterio pascual al mismo tiempo que su pasión y muerte.

«La resurrección de Jesús es la verdad culminante de nuestra fe en Cristo, creída y vivida por la primera comunidad cristiana como verdad central, transmitida como fundamental por la Tradición, establecida en los documentos del Nuevo Testamento, predicada como parte esencial del misterio pascual al mismo tiempo que la cruz» (CEC, 638).

a) La resurrección revela que Jesús es el Hijo de Dios y el Mesías

La resurrección de Cristo revela su divinidad. Él había sido condenado por el sanedrín como blasfemo por declararse Hijo de Dios; y Dios Padre al resucitarlo confirma que realmente era su Hijo.

«Cuando hayáis levantado al Hijo del hombre, entonces sabréis que Yo Soy» (Jn 8, 28). La resurrección demostró que Él era en verdad «Yo Soy», Dios todopoderoso, Señor de la vida y de la muerte[6]. Así lo vemos en el caso del apóstol Tomás, que

---

[6] Cf. CEC, 653.

solamente cuando comprobó la realidad de la resurrección le confesó: «¡Señor mío y Dios mío!» (Jn 20, 28).

La resurrección de Cristo es una confirmación por parte de Dios Padre de haber aceptado el sacrificio de su Hijo en favor nuestro. Jesús había sido crucificado con el título —en son de escarnio— de rey de Israel, de Mesías; y Dios Padre al resucitarlo confirma que lo era realmente. ¿Cómo podría mostrarse que la muerte de Cristo era una victoria sobre el pecado y la muerte sin la sucesiva resurrección?

b) La resurrección de Cristo confirma la veracidad de su doctrina

Su resurrección es el signo que Jesús había prometido para confirmar la autenticidad de su misión y de sus palabras: es la señal de Jonás (cf. Mt 12, 38-40). Y también había dado otra señal a los judíos: la reconstrucción en tres días del Templo que será destruido (cf. Jn 2, 19). San Juan anota que Jesús «hablaba del templo de su cuerpo. Cuando resucitó de entre los muertos, se acordaron sus discípulos de que había dicho eso, y creyeron» (Jn 2, 21-22). Los judíos también entendieron perfectamente el sentido de sus palabras, y por eso pusieron custodia en el sepulcro y lo sellaron.

«Si no resucitó Cristo, vana es nuestra predicación, vana también vuestra fe» (1 Cor 15, 14). Evidentemente, san Pablo ve en la resurrección la confirmación definitiva y el sello de todo lo que Cristo hizo y enseñó, la prueba definitiva de su autoridad divina, tal como lo había prometido. La resurrección de Cristo es el fundamento de la fe cristiana y la clave de bóveda de todo el edificio de doctrina y de vida levantado sobre su palabra. «Cristo vive. Esta es la gran verdad que llena de contenido nuestra fe»[7].

---

[7] JOSEMARÍA ESCRIVÁ, *Es Cristo que pasa*, 102.

c) La resurrección de Cristo es causa de nuestra resurrección
   y de la nueva vida del alma

La resurrección es para Cristo la victoria sobre la muerte y el comienzo de una nueva vida en su humanidad plenamente divinizada y llena de poder: «Se me ha dado todo poder en el cielo y en la tierra» (Mt 28, 18). Y como Él es nuestra cabeza, su victoria y esa nueva vida están destinadas asimismo a ser nuestras: Cristo no solo resucitó, sino que también es para nosotros «la resurrección y la vida» (Jn 11, 25).

La resurrección de Cristo es principio y causa de nuestra resurrección futura. «La resurrección de Cristo —y el propio Cristo resucitado— es principio y fuente de nuestra resurrección futura: 'Cristo resucitó de entre los muertos como primicia de los que durmieron; [...] del mismo modo que en Adán mueren todos, así también todos revivirán en Cristo' (1 Cor 15, 20-22)» (CEC, 655). Jesús mismo, por su poder divino, realizará nuestra resurrección corporal que será a semejanza de la suya: Él «transfigurará este miserable cuerpo nuestro en cuerpo glorioso como el suyo» (Flp 3, 21).

La resurrección de Cristo es principio de nuestra resurrección espiritual, la fuente de la nueva vida del alma, que comienza ya ahora por la justificación: «Fue entregado por nuestros pecados y resucitó para nuestra justificación» (Rom 4, 25).

La gracia que nos libera del pecado y nos hace justos proviene del Resucitado, consiste en una participación de la vida divina —una divinización de nuestra alma— a semejanza de su vida gloriosa (cf. Rom 6, 4), que nos hace conformes a su imagen (cf. Rom 8, 29) y, por eso, nos hace hijos de Dios.

Por eso puede exclamar san Pedro: «Bendito sea Dios, Padre de nuestro Señor Jesucristo, que por su gran misericordia, mediante la resurrección de Jesucristo de entre los muertos, nos ha regenerado para una esperanza viva, para una herencia incorruptible, intachable e inmarcesible, reservada en el cielo a vosotros» (1 Pe 1, 3-4).

5. La ascensión de Jesús a los cielos

La ascensión constituye el término de los misterios de Cristo en la tierra, que tuvieron inicio en la encarnación: el que «salió del Padre» ahora «vuelve al Padre» (cf. Jn 16, 28). Con la ascensión concluye el misterio pascual, el «paso» de este mundo al Padre.

a) La ascensión del Señor a la derecha de Dios Padre es un acontecimiento a la vez histórico y transcendente

Según san Lucas, Jesús mientras los bendecía, «se elevó en presencia de ellos, y una nube lo ocultó a sus ojos» (Hch 1, 9). Y según san Marcos, «el Señor Jesús, después de hablarles, fue elevado al cielo y se sentó a la diestra de Dios» (Mc 16, 19).

En estos textos hay que considerar dos aspectos: en primer lugar, «la elevación» que responde a la experiencia sensible de los apóstoles con la que Cristo desaparece de sus ojos. El segundo aspecto, más importante, es lo significado por esa elevación: Cristo hombre entra en la gloria de Dios invisible[8], y es exaltado por encima de toda la creación.

El término de la ascensión de Cristo, como nos dice la Escritura, es la derecha de Dios Padre en el cielo: «Cristo está sentado a la derecha de Dios» (Col 3, 1). Ya sabemos que este es un modo metafórico de decir. En efecto, por «derecha del Padre» entendemos la gloria y el honor de la divinidad; y por «estar sentado» entendemos que esa gloria le corresponde como propia, y significamos la posesión de su reino[9]. En resumen, expresamos de este

---

[8] «La nube» y «el cielo» son signos bíblicos habituales de la gloria divina.

[9] Cf. CEC, 663. Otras veces la sagrada Escritura dice que Jesús resucitado está «de pie» a la diestra de Dios Padre (cf. Hch 7, 56); estas dos expresiones son semejantes en su significado central.

modo que Cristo también en cuanto hombre participa de la gloria y del poder soberano de Dios por encima de todas las criaturas, como algo que le corresponde (cf. Ef 1, 20-22).

La ascensión de Jesucristo, que es un acontecimiento a la vez histórico (el hecho que contemplaron los apóstoles) y también transcendente (por su significado y contenido), es un artículo de fe propuesto y confesado desde los símbolos más antiguos[10].

b) Sentido salvífico de la ascensión y exaltación de Cristo

La ascensión manifiesta a los discípulos la gloria de Cristo. Durante su vida terrena Jesús no quiso que su cuerpo participara de la gloria de su divinidad para así poder padecer y llevar a cabo nuestra redención (es la *kénosis* del Hijo de Dios). Es cierto que en alguna ocasión quiso demostrar en su cuerpo la gloria que le correspondía, como fue el caso de la transfiguración en el Tabor; pero entonces solo se trató de un suceso pasajero. El cuerpo de Cristo fue glorificado de modo pleno y definitivo desde el instante de su resurrección.

Durante los cuarenta días siguientes, en los que Él trataba familiarmente con los suyos y les instruía sobre el reino de Dios, su gloria aún quedaba velada bajo los rasgos de una humanidad ordinaria. Con la ascensión, se completa la manifestación de la gloria de Cristo que había comenzado con su resurrección: entonces muestra a los suyos que reina sobre toda criatura «exaltado a la diestra de Dios» (Hch 2, 33). Por eso los discípulos vieron entonces su gloria y se llenaron de alegría (cf. Lc 24, 52).

Jesucristo, cabeza de la Iglesia, nos precede en el reino glorioso del Padre. Cristo con su ascensión nos ha abierto el acceso a la vida y a la felicidad de Dios en el cielo: «ha querido precedernos

---

[10] Cf. DS, 10; 13; 14; 40; 41; 42; 44; 46-47; etc.

como cabeza nuestra para que nosotros, miembros de su Cuerpo, vivamos con la ardiente esperanza de seguirlo en su reino»[11].

Ya lo anunció Jesús: «Voy a prepararos un lugar [...] para que donde Yo estoy, estéis también vosotros» (Jn 14, 2-3).

Jesucristo, desde el cielo, nos comunica los dones salvíficos que nos había merecido en la tierra. En efecto, según el plan divino de nuestra salvación Jesús primeramente —en la tierra— debía merecernos la vida eterna, y después —desde el cielo— comunicárnosla: «A cada uno de nosotros se nos da la gracia en la medida en que Cristo quiere otorgar sus dones [...] Subiendo a lo alto llevó cautiva la cautividad y concedió dones a los hombres [...] Subió a los cielos para llevar todo a la plenitud» (Ef 4, 7-10).

Según san Lucas Jesús, al dejar a sus discípulos, «mientras los bendecía, se separó de ellos y fue elevado al cielo» (Lc 24, 51). Es significativo que la última acción de Cristo en la tierra haya sido la de bendecirnos, manifestando así su amor y su deseo de ayudarnos siempre.

Y así lo dice: «cuando sea levantado de la tierra, atraeré a todos hacia mí» (Jn 12, 32); cuando Cristo sea «elevado» en la cruz y elevado al cielo con su glorificación, entonces se manifestará su poder salvador sobre todos los hombres. Él es la cabeza de quien recibimos toda la gracia y la salvación, Él es «de quien todo el cuerpo —compacto y unido por todas las articulaciones [...]— va consiguiendo su crecimiento para su edificación en el amor» (Ef 4, 16).

---

[11] Misal Romano, Prefacio de la solemnidad de la Ascensión. Cf. CEC, 661; *S. Th.* III, q.57, a.6.

6. Jesucristo envía al Espíritu Santo en Pentecostés

a) El envío del Espíritu Santo a la Iglesia forma parte del misterio y de la obra de Cristo

La efusión de los dones del Espíritu Santo en Pentecostés. En la fiesta judía de los Tabernáculos Jesús prometió el don del Espíritu Santo a los que creyeran en Él; y el evangelista añade: «porque aún no había Espíritu, pues todavía Jesús no había sido glorificado» (Jn 7, 39). Es claro que esta frase no se refiere a la existencia eterna de la persona del Espíritu Santo en el seno de la Trinidad, sino su efusión especial en la historia de la salvación, y que iba a tener lugar después de la glorificación de Jesús.

Es el día de Pentecostés cuando el Espíritu Santo desciende sobre los Apóstoles y les llena de sus dones y carismas. Ese día comienza a manifestarse y a crecer la Iglesia de Cristo.

Es Cristo mismo quien, junto con su Padre, envió el Paráclito a su Iglesia. «Os conviene que me vaya, porque si no me voy, no vendrá a vosotros el Paráclito; pero si me voy, os lo enviaré» (Jn 16, 7). Es decir, el Espíritu Santo será enviado por el Padre y por el Hijo y vendrá como consecuencia de la glorificación de Cristo[12].

En efecto, cuando el Hijo de Dios fue «consumado» por el misterio pascual, y totalmente glorificado en su humanidad, entonces fue constituido y manifestado como Señor, cabeza, dispensador y ejemplar acabado de la salvación para los que le siguen (cf. Heb 5, 9)[13].

El Espíritu Santo es enviado para llevar a término la obra redentora de Cristo aplicándola a todos los hombres. «El día de Pen-

---

[12] Cf. *S. Th.* I, q.43, a.6, ad 1; *Super Ev. Ioannis*, 7, 39, c 7, lect. 5, n. 1096; y 16, 7, cap. 16, lect. 2, n. 2088.

[13] Cf. STO. TOMÁS, *Super Ep. ad Hebr.* cap. 5, lect. 2, n. 260.

tecostés [...] la Pascua de Cristo se consuma con la efusión del Espíritu Santo» (CEC, 731).

El Espíritu Santo, que es Señor y dador de vida, con su poder infinito alcanza a todos los hombres de todos los tiempos, y hace que los méritos de Cristo se puedan aplicar y tener eficacia salvífica en cada hombre: hace posible que cada uno pueda entrar en comunión con Jesús, se incorpore a Él y participe de la redención. Por eso con razón la sagrada Escritura le llama «Espíritu de Cristo» y también «Espíritu del Hijo»[14].

b) La acción del Espíritu Santo y la de Cristo no están separadas: son una misión conjunta

La misión del Espíritu Santo está estrechamente vinculada a la misión del Hijo de Dios: de hecho se trata de dos misiones inseparables que concurren en un mismo efecto, o se trata de *una misión conjunta* del Hijo y del Espíritu»[15]. La misión y la actividad del Espíritu Santo no son independientes de la obra de Cristo, sino que forma una unidad salvífica con ella para edificar la Iglesia y establecer el reino de Dios en este mundo.

«Hay una sola economía salvífica de Dios Uno y Trino, realizada en el misterio de la encarnación, muerte y resurrección del Hijo de Dios, llevada a cabo con la cooperación del Espíritu Santo y extendida en su alcance salvífico a toda la humanidad»[16]. El plan de Dios Padre es que los hombres entremos en comu-

---

[14] Cf. Rom 8, 9; 2 Cor 3, 17; Gal 4, 6. Cf. también Pío XII, Enc. *Mystici Corporis*, DS, 3807.

[15] Cf. CEC, 689-690.

[16] Congr. para la Doctrina de la Fe, Decl. *Dominus Iesus*, n. 12. En la Plegaria Eucarística III decimos: «Santo eres en verdad, Padre, [...] ya que por Jesucristo, tu Hijo, Señor nuestro, con la fuerza del Espíritu Santo (*Spiritus Sancti operante virtute*), das vida y santificas todo».

nión con Él por medio del Verbo encarnado, y esto se realiza por la acción del Espíritu Santo.

Jesucristo, resucitado y exaltado a la derecha del Padre, *desarrolla ahora todo su poder de salvación sobre los hombres, potestad que anteriormente solo había manifestado de modo limitado en cuanto al espacio y tiempo.* Jesús ya no está presente entre nosotros de modo sensible, pero ha inaugurado un nuevo modo de presencia que es «en el Espíritu», y a través de la fe y los sacramentos, especialmente de la Santísima Eucaristía, cumple lo que había dicho a sus discípulos: «Yo estaré con vosotros todos los días hasta la consumación de los siglos» (Mt 28, 20).

7. Jesucristo, exaltado a la derecha del Padre, es «el Señor» y rey del universo

Ya hemos dicho que Cristo ha ascendido al cielo y está sentado a la derecha del Padre, y que esas expresiones significan que Cristo también en cuanto hombre participa de la gloria y del poder soberano de Dios por encima de todas las criaturas, como algo que le corresponde propiamente; dicho de otro modo: Él es el Señor y rey del universo.

a) Jesucristo resucitado es «el Señor»

El título de «Señor». La versión griega del Antiguo Testamento (LXX) sustituyó el nombre hebreo de *Yahveh* con el cual Dios se reveló a Moisés (cf. Ex 3, 14) por «*Kyrios*» (Señor). Desde entonces «Señor» fue el nombre más habitual para designar al Dios de Israel, por ser innombrable el de *Yahveh* debido a la suprema majestad que se le atribuía.

El Nuevo Testamento utiliza el título «Señor» para Dios Padre, pero también lo emplea, y esta es la novedad, para Jesús. Con este título se expresa la divinidad de Cristo, y asimismo se afirma la gloria y el poder que Él en cuanto hombre exaltado a la derecha del Padre tiene sobre todas las criaturas: Él es «Señor de la gloria» (1 Cor 2, 8). Dios Padre le «otorgó el nombre que está sobre todo nombre; para que al nombre de Jesús toda rodilla se doble en los cielos, en la tierra y en los abismos» (Flp 2, 9-10).

Hemos de señalar que Jesús es el Señor desde su encarnación (cf. Lc 1, 43), pero también como título ganado por habernos rescatados al precio de su sangre (cf. Flp 2, 9-11; Heb 2, 9). Ya desde el principio los cristianos atribuyeron este título a Jesús resucitado.

Es a partir de su glorificación cuando Jesús manifiesta claramente su gloria y su soberanía divina, cuando se manifiesta como Señor[17]. Jesús se revela definitivamente como «Hijo de Dios con poder, según el Espíritu de santidad, por su resurrección de entre los muertos», dice san Pablo (Rom 1, 3-4). La resurrección manifiesta el poder divino de Cristo para nuestra salvación. Es decir, con la resurrección no solo se ha inaugurado una nueva forma de existencia de Jesús, sino que *ha comenzado también una nueva forma de su acción para establecer el reino de Dios*: es la etapa de la aplicación o dispensación de la redención a cada uno de los hombres, la etapa de la eficacia de su obra salvífica, mediante la acción del Espíritu Santo en las almas. Cuando Jesús es glorificado con poder sobre toda carne, entonces da la vida eterna a los que el Padre le entregó (cf. Jn 17, 1-2). Ha resucitado «para que tenga señorío sobre muertos y vivos» (Rom 14, 9).

b) Jesucristo resucitado es rey del universo

El título de «rey». El nombre de «rey» equivale al de «Señor». Cuando la Escritura dice que Cristo se sentó a la derecha del

---

[17] Cf. CEC, 449.

Padre, está significando que fue entronizado como rey y que se inauguró su reinado. A partir de la ascensión, Cristo se manifiesta soberano «por encima de todo principado, potestad, virtud y dominación», estando «todo sometido bajo sus pies» (Ef 1, 20-22).

Él es el Mesías, el Hijo de David, el rey anunciado y prometido a Israel, que iba a establecer un reino universal de justicia y de paz.

Como hemos dicho acerca del título de «Señor», Jesús igualmente es rey desde su encarnación (cf. Lc 1, 33), pero también lo es por habernos rescatado al precio de su sangre (cf. Ap 5, 9-10), y se manifiesta como «rey de reyes y Señor de señores» (Ap 19, 16) a partir de su glorificación, aunque su soberanía solo será claramente manifiesta a todos en su segunda venida (cf. Mt 25, 31-46).

Su reino es sobrenatural. Su reinado «no es de este mundo» (Jn 18, 37), y consiste en la comunicación de la vida divina a los hombres. Como dice san Pablo, el reino de Dios no es un reino terreno que consista en el poder y bienes materiales, como lo esperaban la mayor parte de los judíos, «sino que es justicia, paz y alegría en el Espíritu Santo» (Rom 14, 17). Y la liturgia de la Iglesia explica que su reino es «reino de verdad y de vida, reino de santidad y de gracia, reino de justicia, de amor y de paz»[18].

Su reinado es universal. Por ser sobrenatural, su reino no está vinculado a ninguna raza o pueblo (como esperaban muchos judíos), ni a forma política alguna, ni a una determinada cultura o condición social. Cristo es «Señor de todos» (Hch 10, 36). Él ha muerto por la salvación del entero género humano y a todos ofrece su gracia que salva.

Su reinado también es universal en el sentido que Él reina en el cielo y en la tierra: «Él es aquel a quien el Padre resucitó, exaltó

---

[18] Prefacio de la Misa de la solemnidad de Cristo rey del universo.

y colocó a su derecha, constituyéndole juez de vivos y de muertos» (GS, 45). Todos le pertenecemos (cf. Rom 14, 8-9).

Su reino es eterno, «no tendrá fin» (Lc 1, 33). «Ya ha llegado el reinado en este mundo de nuestro Señor y de su Cristo» (Ap 11, 15). En este mundo Cristo reina ya ahora en sus fieles por la gracia, que es una participación de la vida divina, y que constituye el germen y comienzo de lo que será perfecto y para siempre en la gloria.

Y Cristo, «autor de la salvación eterna» (Heb 5, 9), también reina en los bienaventurados del cielo por la gloria y felicidad que les comunica, que consiste en la perfecta y plena participación de la vida divina, de la vida eterna por los siglos sin fin.

8. Mediación de Jesucristo en la gloria: el sacerdocio eterno de Cristo

Ya hemos estudiado en el capítulo 9 que Jesucristo es sacerdote y que su entrega sacrificial por nosotros comenzó con la encarnación y se consumó en su pasión y muerte. Ahora añadiremos que Jesús resucitado continúa siendo mediador y ejerciendo su sacerdocio en el cielo; su mediación y su sacerdocio no terminaron en la cruz.

a) Jesucristo «posee un sacerdocio eterno» (Heb 7, 24)

Jesús, por su sangre en la cruz, ha entrado en el cielo y está sentado a la diestra de Dios como ministro del santuario celeste, del templo verdadero (cf. Heb 9, 11ss); ahora «es el centro y el oficiante principal de la liturgia que honra al Padre en los cielos» (CEC, 662)[19].

---

[19] Cf. SC, 8; Ap 4, 6-11.

En el cielo sigue ejerciendo su sacerdocio, la mediación sacerdotal, tanto en sentido descendente, comunicando a los hombres los dones divinos, como en sentido ascendente, intercediendo por nosotros.

Jesús es el sacerdote de la alianza eterna. La Carta a los Hebreos llama a Cristo «sumo sacerdote de los bienes futuros» (Heb 9, 11) y «autor de la salvación eterna» (Heb 5, 9). Efectivamente, Él siempre es y será la causa de la salvación de los elegidos; Él siempre es la cabeza de su Cuerpo que comunica la vida divina a todos sus miembros: a los que peregrinamos en la tierra, y —de modo más pleno— a los bienaventurados.

Su sacerdocio es eterno no solo porque Jesús vive para siempre, sino también porque sus efectos alcanzan a toda la historia de la humanidad «para siempre» (cf. Heb 9, 12. 26-28).

b) Ejercicio del sacerdocio de Cristo en el cielo

En el cielo continúa intercediendo incesantemente en favor nuestro (cf. Heb 7, 20-25; Rom 8, 34). La Escritura nos enseña que Cristo ha ascendido al cielo «para presentarse ahora ante el acatamiento de Dios en favor nuestro» (Heb 9, 24), y para ejercer constantemente su función de *propiciación* ante el Padre en favor nuestro hasta el fin del mundo (cf. 1 Jn 2, 1-2).

¿Cómo ejerce esa intercesión por nosotros en el cielo? —Jesús en el cielo intercede por nosotros de dos formas: en primer lugar expresando a su Padre su gran deseo de nuestra salvación (oración de petición), y de otro modo, presentando al Padre la humanidad que ha asumido por nosotros con las gloriosas señales de su pasión (presentación de su sacrificio)[20].

En cuanto al ofrecimiento de su sacrificio hemos de señalar que en la tierra Jesús ofreció a su Padre el sacrificio de toda su

---

[20] Cf. Sto Tomás, *Super Ep. ad Romanos*. c 8, lect. 7.

vida, y especialmente de su pasión y muerte para redimirnos del pecado; y ahora en el cielo Jesús, vivo e inmortal, presenta incesantemente a su Padre ese sacrificio de sí mismo que consumó en la cruz[21]. Pero su oblación tiene ahora una forma diversa a la que tuvo en la tierra: el sacrificio interior (que es el principal) es perenne, la entrega total de su vida al Padre por nosotros es la misma que tenía durante toda su vida y tuvo en la cruz, si bien actualmente no se da una inmolación cruenta, ya no hay sufrimiento ni muerte[22].

---

[21] Hemos de añadir que existe una cierta continuidad entre las obras de la vida terrena y el cielo: «Bienaventurados los muertos en el Señor [...], descansen de sus trabajos, porque sus obras les acompañan» (Ap 14, 13): en el cielo —al menos— se encuentran los frutos de esas acciones. También sucede en Cristo: toda su vida terrena y su sacrificio ofrecido por nosotros están siempre presentes de alguna manera ante Dios Padre.

[22] El Credo enseña que Cristo nació, padeció, fue crucificado, muerto y sepultado, resucitó, subió al cielo (todo eso en pasado), y ahora está a la derecha del Padre (en presente). Y la Escritura dice que Cristo, para liberarnos del pecado fue «*mortuus», «occisus», «crucifixus», «immolatus*» (todos participios pasados: cf. Mc 16, 6; Gal 3, 1; Ap 2, 8; 5, 6.9.12; 1 Cor 5, 7; 2 Cor 13, 4; etc.), ahora vive glorioso en el cielo lleno de poder (en presente), ya no puede padecer ni morir.

Capítulo 13

LOS FRUTOS DE LA OBRA DE CRISTO: NUESTRA REDENCIÓN

Ahora veremos los efectos de la salvación que Cristo nos ganó y cómo los comunica a los hombres de todos los tiempos.

1. Unicidad, universalidad y realización personal de la redención de Jesucristo

a) Unicidad y universalidad de la redención de Cristo

Hay una sola economía divina de la salvación de todos los hombres cuya fuente y centro es Cristo[1]: Dios quiere que todos los hombres se salven, lleguen a la unión con Él, sumo Bien, participando de la redención de su Hijo hecho hombre. El Padre «nos ha elegido en Él antes de la fundación del mundo» (Ef 1, 4), y nos «ha llamado a la unión con su Hijo Jesucristo, nuestro Señor» (1 Cor 1, 9).

---

[1] Cf. Congr. para la Doctrina de la Fe, Decl. *Dominus Iesus*, n. 10; cf. nn. 13 y 14.

Uno es Dios y también uno solo es el camino: Cristo es el único mediador y Salvador del género humano, de modo que no ha sido dado en la tierra otro nombre a los hombres por el que puedan ser salvos (cf. Hch 4, 12).

Según el eterno designio divino la obra de Cristo es universal, está destinada a la salvación de todos los hombres, pues el pecado afecta a todos. Jesucristo, identificado con la voluntad de su Padre, llevó a cabo su obra redentora en favor de todo el género humano: como cabeza de nuestro linaje, hecho solidario con todos, nos representaba y abogaba por todos. Así, Él se ha entregado como redención por todos los hombres que han sido, son y serán: «por todos ha muerto Cristo» (2 Cor 5, 15). Jesús «es la víctima de propiciación por nuestros pecados; no solo por los nuestros, sino por los del mundo entero» (1 Jn 2, 2).

Esta es una verdad de fe que ha enseñado siempre la Iglesia: «no hay, hubo o habrá hombre alguno por quien no haya padecido Cristo Señor nuestro»[2].

b) La redención objetiva y la redención subjetiva o personal

Así como decimos que hay una curación cuando realmente es sanado el enfermo, del mismo modo la redención o liberación de los hombres es efectiva cuando ellos son liberados del mal. Por eso, la redención es un proceso que continúa hasta el fin de los tiempos, conforme los hombres van uniéndose al Señor y participando de la salvación, que solo será completa y consumada con la resurrección futura. Por eso en la redención del hombre podemos distinguir la obra de Cristo a favor nuestro y nuestra liberación efectiva.

Se llama «*redención objetiva*» a la obra llevada a cabo por el Redentor, tanto en su vida terrena como desde el cielo en su

---

[2] CONC. DE QUIERCY, DS, 624; cf. AG, 3.

vida gloriosa, con la cooperación del Espíritu Santo. Esta obra de Cristo constituye la causa de la salvación de los hombres que tendrá eficacia cuando es comunicada a cada uno. Podemos compararla a una medicina que fuera capaz de curar toda enfermedad o —como enseña Jesús— a una fuente de agua viva que salta hasta la vida eterna y puede saciar la sed del hombre para siempre (cf. Jn 4, 10-14).

Para que esa medicina de la que hablamos tenga eficacia hace falta que el enfermo la tome, o que sacie su sed bebiendo de esa fuente de agua viva. Así pues, llamamos *«redención subjetiva o personal»* a la participación de los frutos de la obra de Cristo en cada uno de los hombres, a la efectiva salvación del hombre de cada hombre.

2. La comunicación de la obra redentora de Cristo a los hombres

a) Carácter eficiente de la obra de Cristo y nuestra libertad para unirnos a Él

Carácter eficiente de la obra de Cristo. Jesús no solo mereció en su vida terrena que Dios Padre nos otorgue la gracia que quita el pecado y nos reconcilia con Él, sino que es el mismo Cristo —resucitado, glorioso y Señor a la derecha del Padre— quien nos comunica esa gracia. En efecto, la salvación de cada uno de los hombres procede de nuestra cabeza, como la vida de los sarmientos procede de la vid.

Ya dijimos que Jesús «resucita en espíritu vivificante» (1 Cor 15, 45), esto es, con poder vivificador o santificador sobre los hombres. La vida divina que llena totalmente a Jesús está destinada a ser comunicada a los hombres por el Espíritu divino que enviará.

El efecto salvífico también depende de nuestra libre aceptación del don divino para unirnos al Señor. Aunque Cristo es cabeza del género humano y el principio de la vida sobrenatural de todos los hombres, su obra redentora no se nos comunica inmediatamente por medio de la naturaleza humana, como sucede con el pecado de Adán, sino por un nacimiento espiritual por el que libremente nos incorporamos a Él. Entonces Jesús se hace «para nosotros sabiduría, justicia, santificación y redención» (1 Cor 1, 30): entonces participamos de su sabiduría, de su santidad, entonces somos redimidos y dejamos de ser esclavos del pecado.

Tenemos que acoger la acción del Espíritu Santo e incorporarnos libremente al Redentor: hace falta que cada uno voluntariamente vaya a Jesús y beba de esa agua, y entonces se llenará del Espíritu divino (cf. Jn 7, 37-39).

Por eso, *la universalidad de la redención no significa que todos los hombres se salven de hecho*: Cristo, ciertamente, es el Redentor de todo el género humano y, por la acción del Espíritu Santo, ofrece a cada hombre la salvación, pero el hombre puede rechazar la gracia que se le ofrece. Así dice la Escritura: «Vino la luz al mundo y los hombres amaron más las tinieblas que la luz» (Jn 3, 19), y «vino a los suyos, y los suyos no lo recibieron» (Jn 1, 11).

b) El Espíritu Santo en la comunicación de la obra redentora a los hombres

Sabemos que Jesucristo es la fuente de toda gracia, y que una causa eficiente para producir su efecto debe tener algún contacto con el sujeto sobre el que actúa. En concreto, *la humanidad de Cristo es el instrumento unido a la persona del Verbo que nos comunica la vida sobrenatural, no por el poder de la naturaleza humana, sino por el poder infinito de la naturaleza divina*[3]. Esta

---

[3] Esta comunicación es una obra propiamente teándrica, como vimos en el capítulo 7.

omnipotencia divina alcanza a todos los hombres, y hace que las acciones y méritos de Cristo se puedan aplicar y tener eficacia salvífica en cada uno de los hombres que lo deseen[4].

La causa eficiente principal de la gracia de la salvación es Dios, Uno y Trino, con un poder que es común a las tres divinas personas, aunque se apropia al Espíritu Santo. Así decimos que Cristo nos salva «*in Spiritu Sancto*» o «*in virtute Spiritus*» (cf. Rom 15, 19), con el poder del Espíritu divino, que nos hace partícipes de la obra de Cristo. El Espíritu Santo produce la gracia en nosotros sirviéndose de la humanidad de Jesucristo que es el *instrumento unido a la divinidad*.

Y, siendo Dios Espíritu Santo la causa eficiente principal y Cristo-hombre la instrumental (y no al revés), *la acción salvífica de ambos es una sola*, de modo que no se pueden separar efectos distintos de uno u otro. Por tanto, cada uno de los hombres es «tocado» por la acción de los dos. No se da una acción del Espíritu Santo fuera de la obra de Cristo, al margen de la fe en Él y de los medios que estableció: «Todo lo que se hace por el Espíritu Santo, también es hecho por Cristo»[5].

*c)   Cristo comunica la salvación a los hombres
en la Iglesia y por la Iglesia*

El único Redentor del mundo, elevado al cielo y glorificado, continúa su presencia y su obra salvífica en la Iglesia para comunicar

---

[4] Cf. *S. Th.* III, q.56, a.1, ad 3: «Todas las cosas que Cristo hizo o padeció en su humanidad nos fueron saludables por el poder de la divinidad [...] Y este poder alcanza con su presencia todos los lugares y los tiempos, y tal contacto virtual basta para explicar esta eficiencia». Cf. *S. Th.* III, q.52, a.8; III, q.48, a.6, ad 2.

[5] S. Tomás de Aquino, *Super Ep. ad Ephesios*, cap 2, lect 5, n 121. Cf. Congr. para la Doctrina de la Fe, Decl. *Dominus Iesus*, n. 12.

universalmente los frutos de la redención. De este modo todos los hombres pueden encontrar de una forma asequible y apropiada a nuestra naturaleza la luz de la verdad, la liberación del pecado y la comunión con Dios: en una palabra, «Cristo se hace presente a nosotros en su Cuerpo, que es la Iglesia» (LG, 14).

En el designio de Dios la Iglesia —siempre unida y subordinada a Jesucristo— es «sacramento universal de salvación» (LG, 48). Así pues, toda la gracia proviene de Dios por Cristo hombre (que es el instrumento unido a la divinidad) y por medio de la Iglesia (que es el instrumento separado de la divinidad): todo el tesoro de la gracia de Cristo pertenece también a su Esposa: toda gracia tiene alguna relación con la Iglesia[6].

Todos los fieles son instrumentos del Señor para la salvación de las almas, y todos están destinados a llevar una labor apostólica en el mundo. «La Iglesia ha nacido con este fin: propagar el reino de Cristo en toda la tierra para gloria de Dios Padre, y hacer así a todos los hombres partícipes de la redención salvadora [...]. Toda la actividad del Cuerpo místico, dirigida a este fin, recibe el nombre de apostolado, el cual la Iglesia lo ejerce por obra de todos sus miembros, aunque de diversas maneras. La vocación cristiana es, por su misma naturaleza, vocación también al apostolado»[7].

Así pues, todo fiel cristiano debe buscar ocasiones para anunciar a Cristo «a los no creyentes, para llevarlos a la fe; y a los fieles, para instruirlos, confirmarlos y estimularlos a mayor fervor de vida»[8].

---

[6] Cf. Congr. para la Doctrina de la Fe, Decl. *Dominus Iesus,* nn. 12 y 21.

[7] Conc. Vaticano II, *Apostolicam actuositatem* (AA), 2. Cf. LG, 17; CEC, 863.

[8] AA, 3.

d) La unión con Cristo se realiza por la fe viva
y los sacramentos de la Iglesia

La unión con Cristo mediante la fe viva. El inicio de la unión que podemos tener con Cristo en este mundo es por la fe, que es nuestra libre acogida y aceptación del Señor[9].

La fe que infunde el Espíritu Santo en el alma es necesaria para aceptar y participar de la obra de Cristo (cf. Heb 11, 6): nadie se puede salvar sin la fe, que es el fundamento y origen de toda justificación.

Según la enseñanza de la Escritura, por la fe en Cristo alcanzamos la justificación, por la fe Él habita en nuestros corazones (cf. Ef 3, 17) y por ella somos hechos hijos de Dios (cf. Gal 3, 26). Pero esta fe que nos hace partícipes de la salvación no consiste solo en aceptar las palabras de Jesús o en confiar en la misericordia divina, sino en la adhesión sin reservas a la Verdad en persona, que es Él mismo[10].

La fe que nos incorpora a Cristo y que nos salva es la fe viva, la fe que obra por la caridad (cf. Gal 5, 6), la fe acompañada del arrepentimiento de los pecados y de obras para cumplir la voluntad de Dios (cf. St 2, 14-26).

La unión con Cristo resucitado por la participación en los sacramentos de la Iglesia. Los sacramentos son los medios sensibles que el Señor ha establecido para que los hombres entremos en comunión con Él, y hacernos partícipes así de su obra redentora. «Sentado a la derecha del Padre y derramando el Espíritu

---

[9] Cf. S. Josemaría Escrivá, *Es Cristo que pasa*, 104: «En la vida espiritual no hay una nueva época a la que llegar. Ya está todo dado en Cristo, que murió, y resucitó, y vive y permanece siempre. Pero hay que unirse a Él por la fe, dejando que su vida se manifieste en nosotros, de manera que pueda decirse que cada cristiano es no ya *alter Christus*, sino *ipse Christus*, ¡el mismo Cristo!».

[10] Cf. Congr. para la Doctrina de la Fe, Decl. *Dominus Iesus*, n. 4.

Santo sobre su Cuerpo que es la Iglesia, Cristo actúa ahora por medio de los sacramentos, instituidos por Él para comunicar su gracia [...] Estos realizan eficazmente la gracia que significan en virtud de la acción de Cristo y por el poder del Espíritu Santo» (CEC, 1084). Señalemos ahora solamente alguno de ellos:

El bautismo es el sacramento del nacimiento a la vida sobrenatural, es la puerta de la nueva vida en el Espíritu que Cristo nos ganó, que nos hace hijos de Dios y nos libera del pecado. Produce la unión del hombre con el Señor, nos hace partícipes de su muerte y resurrección y, al unirnos a Él, produce la unión de cada bautizado con su Cuerpo místico. Sin bautismo no hay unión con nuestro Salvador, ni podemos tener vida sobrenatural; por eso es necesario para la salvación (cf. Jn 3, 5).

La Eucaristía es el sacramento en el que está realmente presente Cristo que se nos da como «pan de vida» y nos hace partícipes de la vida eterna (cf. Jn 6, 35ss). En este sacramento recibimos a Cristo resucitado, Él nos une consigo y con su Cuerpo místico, nos llena de gracia y nos comunica un comienzo de la vida eterna[11]. Es el sacramento principal al que se ordenan los demás y toda la actividad de la Iglesia.

Pero, además, la Eucaristía es también sacrificio: en el altar, bajo signos sensibles, Cristo hace presente el sacrificio que continuamente ofrece a su Padre en el cielo a favor nuestro: la entrega de su vida que consumó en la cruz[12]. Por eso se dice que

---

[11] Cf. Oración litúrgica «*O sacrum convivium*». La Eucaristía es un sacramento, don de Dios a los hombres, como lo expresan muchos de los nombres que ha recibido a lo largo de la historia: Fracción del pan, Cena del Señor, Comunión, Santísimo Sacramento, etc.

[12] En la Eucaristía se hace presente Cristo resucitado y glorioso. Cuando se dice que allí está «*Cristus passus*» decimos que realmente está Jesús que antes había padecido por nosotros («*passus*»: participio pasado), pero ahora vive glorioso. Pero nunca se dice que en la Eucaristía esté «*Christus patiens*» («*patiens*»: participio presente): Cristo no es paciente, ahora no puede padecer. «Sobre el altar, a causa del estado glorioso de su naturaleza humana, la muerte no tiene ya dominio

la Santa Misa es «*el cielo en la tierra*». La Santa Misa es el memorial o «*anamnesis*» de la pasión y muerte de Cristo, de todo el misterio pascual y de la entera vida de Jesús[13]. Y, además, el Señor generosamente quiere y permite que los fieles de todos los tiempos puedan participar en su sacrificio y unirse a él.

Así pues, la Eucaristía es a la vez *sacramento* y *sacrificio*. Es fuente y raíz de la vida de toda la Iglesia y, a la vez, su centro y cima. En la celebración eucarística se unen los dos aspectos del sacerdocio de Cristo resucitado: el descendente y el ascendente: «En ella se encuentra a la vez la cumbre de la acción por la que, en Cristo, Dios santifica al mundo, y del culto que en el Espíritu Santo los hombres dan a Cristo y por él al Padre» (CEC, 1325)[14].

e) La comunicación de la redención a los no creyentes y no bautizados

La doctrina que sostiene la Iglesia sobre un único mediador, y sobre la necesidad de la fe y de los sacramentos para unirnos a Cristo y recibir los frutos de la redención, no se contrapone a la voluntad salvífica universal de Dios.

En este punto conviene distinguir entre el problema de la salvación individual de cada hombre del de la validez y eficacia de las religiones en orden a la salvación.

En el plano de la salvación individual de los hombres nos preguntamos: ¿Se pueden salvar los que no pertenecen a la Iglesia

---

sobre Él, y por eso la efusión de sangre es imposible» (Pío XII, Enc. *Mediator Dei*, DS 3848).

[13] La Misa es «memorial de la muerte gloriosa de Jesucristo, de su santa resurrección del lugar de los muertos y de su admirable ascensión a los cielos» (Canon Romano o Plegaria eucarística I; de modo semejante dicen también las demás Plegarias eucarísticas).

[14] Cf. también: LG 11; SC 10; PO 5; CEC, 1330.

de Cristo, los que no están visiblemente unidos a Él? Sabemos que en Dios no hay acepción de personas (cf. Hch 10, 34-35), y que el Espíritu Santo concede a todos los hombres la posibilidad para que se unan a Cristo aunque sea «por caminos que solo Él sabe»[15] y así se puedan salvar.

Y hemos de añadir que esa gracia siempre procede de Cristo único Salvador y tiene relación con la Iglesia, sacramento universal de la salvación.

En cuanto al plano de lo institucional hemos de decir que no es cierto el relativismo de quien sostiene que todas las religiones y todos los caminos son igualmente válidos para alcanzar la salvación. Esta postura no admite la existencia de la verdad y, por ejemplo, para él es indiferente que el Hijo de Dios haya venido al mundo, o no; es indiferente el hecho de Dios se haya revelado, o no; etc.; lo cual es un tremendo error[16].

Es cierto que esas otras religiones contienen algunas verdades y valores, pero no tienen a Cristo que es la Verdad, no tienen a Cristo que es el Camino para alcanzar la felicidad eterna; no tienen a Cristo que es la Vida y salvación (cf. Jn 14, 6).

La luz que pueden tener esas religiones es parcial y a veces velada por errores; además no tienen la certeza que proporciona la revelación divina. Esas religiones también transmiten algunos valores positivos que corresponden a la ley natural, pero acompañados muchas veces de notables carencias y errores sobre el destino sobrenatural del hombre y sobre el camino hacia su bien y felicidad. Esas religiones también carecen de los medios de santificación que son los sacramentos, ni pueden perdonar los pecados.

---

[15] Cf. GS, 22; AG, 7; CEC, 847.
[16] La Congregación para la Doctrina de la Fe el 6 de agosto de 2000 publicó la Declaración *Dominus Iesus* para clarificar esta problemática del pluralismo religioso y del diálogo interreligioso.

3. Los efectos de la obra redentora de Cristo en los hombres

El Hijo de Dios se encarnó «para que el mundo se salve por Él» (Jn 3, 17). Y ya vimos en el capítulo 2 que la salvación del hombre comporta dos aspectos inseparables: la liberación del pecado y la participación de la vida divina. Pero a su vez, estos dos efectos de nuestra salvación presentan en la revelación divina diversas facetas o aspectos, a modo de variados frutos de la redención. Veamos algunos de ellos.

a) Cristo nos libera del pecado

Jesús recibió ese nombre —que significa Salvador— porque, como indicó el ángel a José, «salvará a su pueblo de sus pecados» (Mt 1, 21). En efecto, Él nos ha conseguido la redención plena del pecado, una liberación que afecta a todos los hombres y a todo el hombre, en todas las dimensiones de su ser. Cristo nos consigue la plena liberación del pecado en cuanto a la culpa —que es el mal fundamental— y en cuanto a la pena —su consecuencia—, y esto en lo que se refiere tanto al alma como al cuerpo.

Liberación del pecado en cuanto a la culpa. El pecado consiste en el alejamiento y oposición de la voluntad humana respecto a la divina, y lleva consigo la privación de la comunión con Dios. Y Jesucristo «nos ha amado y nos libró de nuestros pecados con su sangre» (Ap 1, 5), por medio de la gracia que nos mereció y que ahora nos concede; ya que la remisión del pecado se realiza en el hombre por la infusión de la gracia, de modo semejante a como las tinieblas de la noche desaparecen cuando nace la luz del sol.

Expresando este mismo efecto con otros términos, podemos decir que Cristo nos alcanza *el perdón de los pecados* (cf. Hch 5, 31), o que *limpia* la mancha del pecado.

Liberación del pecado en cuanto a la pena. Al liberarnos de la culpa, Cristo nos libera también de sus consecuencias: «Por consiguiente, ninguna condenación pesa ya sobre los que están en Cristo Jesús» (Rom 8, 1). *Nos libera de todas las penas y esclavitudes que derivan del pecado* tanto en el alma como en el cuerpo: nos libera de la ignorancia y de la tristeza, del desorden interior, del dolor, de la enfermedad y de la muerte.

En este mundo permanecen aún esas penalidades, pero Cristo las ha transformado de modo que ya no tienen un sentido meramente penal sino de purificación y como camino para la gloria. Uniéndonos a Jesús que ha vencido al dolor y a la muerte con su resurrección, somos liberados de todas las penalidades, aunque con un cierto orden previsto por Dios: de modo que nuestra liberación solo será completa cuando sea vencido el último enemigo —la muerte— al final de los tiempos con nuestra resurrección futura (cf. 1 Cor 15, 26; Rom 8, 23).

b) *Cristo nos hace partícipes de la vida divina*

Cristo ha venido para que el que cree en Él «no perezca, sino que tenga vida eterna» (Jn 3, 16). Él nos *ha conseguido la vida eterna* —la vida del que es eterno, esto es la vida de Dios Padre, Hijo y Espíritu Santo—, de la que ahora ya participamos verdaderamente por la gracia y que después poseeremos plenamente en el cielo por la gloria.

Expresando este mismo efecto con otros enunciados equivalentes, podemos decir que Jesús nos *alcanza la justificación* (cf. Rom 4, 25), pues mediante la gracia quita el pecado del corazón del hombre y le hace justo. O bien que Él nos *ha abierto las puertas del cielo* (el ingreso a Dios) y nos ha conseguido *el acceso al reino de los cielos* (a Dios mismo), que es nuestro fin último al que estamos destinados por el amor divino, pero del que estábamos excluidos por el pecado.

c) Otros efectos de la obra de Cristo

La sagrada Escritura enumera otros efectos salvíficos de la obra de Cristo, que son solo distintos aspectos comprendidos en los anteriores o que se derivan de ellos. Entre otros frutos de la redención, citemos:

La reconciliación, la comunión y la amistad con Dios. Al pecar, el hombre se apartó de Dios en su voluntad, y de alguna manera (figuradamente) se hizo enemigo del Señor en cuanto quedó privado, no del amor divino, sino del efecto de ese amor en él que es la gracia. Cristo *nos reconcilia con Dios* en cuanto quita el pecado que nos constituía en «enemigos» de Dios, y en cuanto nos da la gracia que nos une a Dios, nos hace partícipes de su vida íntima y *nos constituye en sus «amigos»*: «Cuando éramos enemigos, fuimos reconciliados con Dios por la muerte de su Hijo» (Rom 5, 10).

La renovación interior del hombre. La gracia de Cristo no solo ordena el corazón del hombre hacia Dios y lo libera del pecado, sino que realiza una verdadera renovación de todo su ser al hacerle partícipe de la vida divina. Esta transformación es tan profunda que el pecador es hecho como un «*hombre nuevo*» «creado conforme a Dios en justicia y santidad verdaderas» (Ef 4, 24). Ya no tiene solamente la condición humana, sino que también es ahora partícipe de la naturaleza divina, santo e hijo de Dios: «El que está en Cristo es una *nueva criatura*» (2 Cor 5, 17).

La liberación de la muerte y la resurrección de los cuerpos. La muerte y todo dolor que se orienta a ella es pena del pecado (cf. Rom 5, 12; Gén 2, 17). Al destruir el pecado en nosotros, Cristo también *nos libera de la muerte* que es su consecuencia. Cristo es la causa de *nuestra resurrección* que tendrá lugar al final de los tiempos, cuando «el último enemigo en ser destruido será la muerte [...] Cuando este cuerpo corruptible se revista de incorruptibilidad y este cuerpo mortal se revista de inmortalidad, entonces se cumplirá la palabra de la Escritura: 'La muerte ha sido absorbida por la victoria'» (1 Cor 15, 26.54-55).

d) *Atribución de los distintos efectos de la redención*
   a diversos misterios de Cristo

Ya sabemos que la redención del hombre se debe a todos los misterios de la vida de Cristo, y principalmente al misterio pascual. Ahora debemos añadir que también se atribuyen distintamente algunos de los efectos de la redención a su muerte en la cruz y otros a su resurrección. La razón es que a un determinado efecto se le asigna como causa propia aquel misterio de Cristo que no solo lo origina sino que, además, tiene alguna semejanza con él, pues cada efecto tiene una semejanza con su causa[17]. Veamos este punto.

En la reparación de la vida del alma se pueden considerar dos aspectos: la remisión del pecado y la nueva vida del alma (aunque se trata de dos caras de una misma realidad, pues la remisión del pecado se realiza por la infusión de la gracia). San Pablo distingue esos dos aspectos y los atribuye a distintos misterios de Cristo, pues dice: «Fue entregado por nuestros pecados y resucitado para nuestra justificación» (Rom 4, 25); y también la liturgia: «Con su muerte, destruyó nuestro pecado, y al resucitar nos dio nueva vida»[18].

Así pues, *la liberación del pecado* se atribuye ordinariamente a la pasión de Cristo (cf. Ap 1, 5; Ef 1, 7), y la razón es que, además de ser causa meritoria de nuestra salvación y de ser una satisfacción del pecado, es también causa ejemplar del morir a nosotros mismos, de nuestro morir a una vida según la carne o una vida según el pecado.

En cambio, *la nueva vida del alma* se atribuye a la resurrección de Cristo (cf. Rom 6, 4) pues, además de ser causa eficien-

---

[17] Cf. *S. Th*. III, q.50, a.6; *Comp. Th*. I, cap 239, n. 514.
[18] Prefacio dominical IV del Tiempo ordinario; cf. CEC, 654; *S. Th*. III, q.56, a.2, ad 4.

te de nuestra salvación, es también causa ejemplar de nuestra nueva vida sobrenatural y divina.

Y también en la reparación de la vida corporal se pueden considerar dos aspectos: la destrucción de la muerte y la restauración de la vida.

La destrucción de la muerte se atribuye a la muerte de Cristo, y *la nueva vida de nuestro cuerpo o resurrección* se atribuye a la resurrección de Cristo (cf. 1 Cor 15, 12ss), por razones semejantes a las que ya hemos mencionado. Así, dice la liturgia: «Muriendo destruyó nuestra muerte, y resucitando restauró la vida»[19].

4. Los frutos de la salvación son actuales, aunque en su plenitud son escatológicos

a) La salvación es una realidad principalmente escatológica

«El día de la redención» (Ef 4, 30) por antonomasia, el día de la liberación completa del pecado y de todas sus consecuencias, es escatológico[20]: se dará cuando Cristo reaparezca con gloria al fin de los tiempos para establecer su reino (la «*parusía*») y todos sus enemigos sean puestos bajo sus pies (cf. 1 Cor 15, 25; Lc 21, 28); entonces tendrá lugar la liberación definitiva de todo mal y de la muerte mediante la resurrección de los muertos, la cual constituirá «la redención de nuestro cuerpo» (Rom 8, 23).

Entonces también alcanzaremos la filiación divina en plenitud (cf. Rom 8, 23) y la perfecta posesión de la vida eterna, cuando Dios sea todo en todas las cosas (cf. 1 Cor 15, 28). Entonces la entera creación será renovada con el hombre (cf. Rom

---

[19] Prefacio pascual I; cf. *S. Th*. III, q.56, a.1, ad 3 y ad 4.
[20] El término «escatología» deriva del griego (*éskata*, últimas cosas), y significa la ciencia de los acontecimientos de los últimos tiempos, de los que tendrán lugar al final del mundo y seguirán la venida gloriosa de Cristo.

8, 19-22) y habrá «un cielo nuevo y una nueva tierra», que son frutos de la redención (cf. Ap 21, 1).

b) *Ahora ya alcanzamos la salvación, aunque todavía no es completa*

La salvación es una realidad que «ya» ha comenzado en el tiempo presente: «Ahora es el día de la salvación» (2 Cor 6, 2). Dios ya «nos ha salvado [...] por medio del baño de regeneración y de renovación del Espíritu Santo, que derramó sobre nosotros con largueza por medio de Jesucristo nuestro Salvador» (Tit 3, 5).

Por medio de Cristo, mediante la fe y los sacramentos, ya tenemos acceso al Padre en comunión con el Espíritu Santo (cf. Ef 2, 18), ya somos partícipes de la naturaleza divina (cf. 2 Pe 1, 4), ya hemos recibido la adopción de hijos (cf. 1 Jn 3, 1-2), ya somos justificados por su gracia y recibimos el perdón de los pecados.

Pero «todavía no» es completa la salvación del hombre. Y es que, según el designio divino, los efectos de la redención se comunican a los fieles con un cierto orden, pues los miembros de Cristo deben imitar a su cabeza. Y así como Cristo tuvo primero la gracia en su alma junto con la pasibilidad del cuerpo, y después llegó a la gloria, así sus miembros reciben primero en el alma el «espíritu de adopción de hijos» (Rom 8, 15) viviendo aún en un cuerpo pasible, y después llegarán a la gloria inmortal: «Si somos hijos, también herederos: herederos de Dios, coherederos de Cristo; con tal que padezcamos con Él, para ser con Él también glorificados» (Rom 8, 17)[21].

---

[21] Cf. *S. Th.* III, q.49, a.3 ad 3.

c) La esperanza escatológica de los cristianos

Para los cristianos, la clave de la historia está en la muerte y resurrección del Señor: el mundo ya está salvado, aunque todavía no se ha consumado la redención. Ciertamente, «ahora no vemos que todo esté ya sometido a Cristo» (Heb 2, 8), pues en este mundo permanecen las huellas del pecado, pero los poderes del mal han sido vencidos en su raíz por el misterio pascual[22]; es como una guerra en la que la batalla decisiva ya ha sido ganada y solo queda ocupar el territorio enemigo para liberarlo efectivamente.

La vida de la gracia que Cristo nos comunica es una incoación de la gloria, una realidad que ha germinado ahora y florecerá perfecta en la eternidad. Ahora ya poseemos realmente esa semilla de vida eterna y por eso tenemos la *certeza* de recibir sus frutos en plenitud. Como dice san Pablo: «Hemos sido salvados en esperanza» (Rom 8, 24). Y santo Tomás: «Por la pasión de Cristo, su muerte, resurrección y ascensión, hemos sido liberados del pecado y de la muerte y hemos adquirido la justicia y la gloria de la inmortalidad; aquella ya ahora realmente, y esta en esperanza»[23].

Y así como todo lo que es imperfecto busca naturalmente su fin y perfección, la Iglesia «anhela el reino consumado y con todas sus fuerzas espera y ansía unirse con su rey en la gloria» (LG, 5): espera la redención plena, espera su plenitud escatológica, la salvación.

---

[22] Cf. CEC, 671.
[23] *Comp. Th.* I, cap. 241, n. 520.

EPÍLOGO

Nuestro conocimiento de Cristo se ordena a la vida de fe y al apostolado. El conocimiento de nuestro Señor Jesucristo, que hemos procurado acrecentar con este libro, no debe concluir simplemente en una mayor penetración intelectual del Evangelio, sino que —con la ayuda de Dios— debe servir a acrecentar nuestra vida de fe, a vivir de fe (cf. Rom 3, 26), y para llevar a cabo una extensa labor de apostolado.

En primer lugar, tenemos que conocer bien a Jesús para poder seguirle como hicieron los apóstoles, para tratarle de modo personal, para amarle cada día más y para llegar a identificarnos completamente con Él. Esto es lo que san Pablo nos propone: «Que Cristo habite en vuestros corazones por la fe, para que arraigados y fundamentados en la caridad [...] podáis conocer aquel amor de Cristo que supera todo conocimiento, para que os llenéis de toda la plenitud de Dios» (Ef 3, 17-19)[1].

---

[1] Para conseguir esta meta S. JOSEMARÍA ESCRIVÁ propone los siguientes pasos: «Que busques a Cristo: Que encuentres a Cristo: Que ames a Cristo. —Son tres etapas clarísimas. ¿Has intentado, por lo menos, vivir la primera?» (*Camino*, 382).

Y en segundo lugar, también necesitamos conocer bien al Señor y tener una cierta familiaridad con Él para saber comunicarlo a los demás. Este es el mandato que hemos recibido de Jesús: «Id al mundo entero y enseñad el Evangelio a toda criatura» (Mc 16, 15). Y al ver que nuestro mundo está muy necesitado de la luz del Evangelio, percibimos que Dios nos urge a servir con alegría y con sencillez a todas las almas, «iluminando los caminos de la tierra con la luminaria de la fe y del amor»[2].

Crecer siempre en el conocimiento de Cristo. Nuestro conocimiento del Señor debe ser cada vez más profundo, y la tarea de familiarizarnos con Él debe progresar siempre como dice san Pedro: «creced en el conocimiento de nuestro Señor y Salvador Jesucristo» (2 Pe 3, 18).

Y san Efrén, hablando del conocimiento de los misterios revelados amorosamente por Dios, sugiere: «Como el sediento que bebe de la fuente, mucho más es lo que dejamos que lo que tomamos [...] Dios escondió en su palabra variedad de tesoros, para que cada uno de nosotros pudiera enriquecerse en cualquiera de los puntos a que abocara su reflexión [...].

Quien llega a alcanzar alguna parte del tesoro de esta palabra no crea que en ella se halla solamente lo que él ha hallado, sino que ha de pensar que esto es lo único que ha podido alcanzar de las muchas cosas que hay en ella [...] Alégrate por lo que has alcanzado como el sediento se alegra cuando bebe y no se entristece porque no puede agotar la fuente [...].

Lo que has recibido y conseguido es tu parte, lo que ha quedado es tu herencia. Lo que, por tu debilidad, no puedes recibir en un determinado momento lo podrás recibir en otra ocasión, si perseveras. Ni te esfuerces avaramente por tomar de un solo

---

[2] Oración de la estampa de S. Josemaría Escrivá.

sorbo lo que no puede ser bebido de una vez, ni desistas por pereza de lo que puedes ir tomando poco a poco»[3].

Que la Santa María, Esperanza nuestra y Trono de la Sabiduría nos alcance tener una unión más honda con Jesús, participar más profundamente de su obra salvífica y le podamos servir mejor en la extensión de su reino en la tierra, haciendo partícipes a todos los hombres de la redención salvadora.

---

[3] S. EFRÉN, *Comentario sobre el Diatéssaron*, cap. 1, 18-19, *Source Chretienne* 121, 52-53.

BIBLIOGRAFÍA

Algunos documentos del Magisterio de la Iglesia

CONGR. PARA LA DOCTRINA DE LA FE, Decl. *Mysterium Filii Dei*, 1972.

CONGR. PARA LA DOCTRINA DE LA FE, Instr. *Libertatis nuntius*, 1984.

CONGR. PARA LA DOCTRINA DE LA FE, Instr. *Libertatis conscientia*, 1986.

CONGR. PARA LA DOCTRINA DE LA FE, Decl. *Dominus Iesus*, 2000.

CATECISMO DE LA IGLESIA CATÓLICA, p. I, sección 2, cap. 2, nn. 422-682.

CONFERENCIA EPISCOPAL ESPAÑOLA, COMISIÓN EPISCOPAL PARA LA DOCTRINA DE LA FE, *Cristo presente en la Iglesia*. Nota doctrinal sobre algunas cuestiones Cristológicas e implicaciones eclesiológicas, 1992.

Algunos manuales y estudios

ADAM, K., *El Cristo de nuestra fe*, Herder, 4ª ed., Barcelona 1972.

AUER, J., *Curso de Teología dogmática*, t. IV/1, *Jesucristo, Hijo de Dios e Hijo de María,* Herder, Barcelona 1989.

— *Curso de Teología dogmática*, t. IV/2, *Jesucristo, Salvador del mundo*, Herder, Barcelona 1990.

CASCIARO, J. M., y MONFORTE, J. M., *Jesucristo, Salvador del mundo*, Eunsa, Pamplona 1996.

CERFAUX, L., *Jesucristo en san Pablo*, Desclée, Bilbao 1970.

CHOPIN, C., *El Verbo Encarnado y Redentor*, Herder, Barcelona 1979.

COMISIÓN TEOLÓGICA INTERNACIONAL,
— *Cuestiones selectas de cristología* (1979).
— *Teología, cristología, antropología* (1981).
— *La conciencia que Jesús tenía de sí mismo y de su misión* (1985).
— *Algunas cuestiones sobre Dios Redentor* (1994), en *Documentos 1969-1996*, BAC 587, Madrid 1998.

FERNÁNDEZ CARVAJAL, F., *El misterio de Jesús de Nazaret*, Palabra, Madrid 2013.

GONZÁLEZ DE CARDEDAL, O., *Cristología*, colección *Sapientia fidei*, BAC, 2ª ed. Madrid 2012.

GUARDINI, R., *El Señor*, Ed. Cristiandad, Madrid 2002.

OCÁRIZ, F.; MATEO-SECO, F. L., y RIESTRA, J. A., *El misterio de Jesucristo*, Eunsa, 3ª ed. Pamplona 2004.

PONCE CUÉLLAR, M., *Cristo, Siervo y Señor*, Edicep, Valencia 2007.

RATZINGER, J., *Jesús de Nazaret*, vol. 1, La Esfera de los libros, Madrid 2007.
— *Jesús de Nazaret*, vol. 2. Encuentro, Madrid 2011.
— *La infancia de Jesús*, La Esfera de los libros, Madrid 2012.

RICHARD, L., *El misterio de la Redención*, Madrid 1963.

SAYÉS, J. A., *Señor y Cristo*, Eunsa, Pamplona 1995.
— *Señor y Cristo. Curso de Cristología*, Palabra, Madrid 2006.

SCHMAUS, M., *Teología Dogmática*, t. III, *Dios Redentor*, Rialp, Madrid 1962.

SESBOÜÉ, B., *Jesucristo, el único mediador*, Secretariado Trinitario, Salamanca 1990.

TOMÁS DE AQUINO, *Summa Teológica*, III parte, qq. 1-59.

Algunas «Vidas de Jesús»

DANIEL-ROPS, *Jesús en su tiempo*, Palabra, Madrid 1990.

FERNÁNDEZ CARVAJAL, F., *Vida de Jesús*, Palabra, Madrid 1997.

FILLION, L. C., *Vida de Nuestro Señor Jesucristo*, 3 vols., Rialp, Madrid 2000.

MARTÍN DESCALZO, J. L., *Vida y misterio de Jesús de Nazaret*, 3 vol., Sígueme, Salamanca 1993.

PÉREZ DE URBEL, J., *Vida de Cristo*, Rialp, Madrid 1996.

RICCIOTTI, G., *Vida de Jesucristo*, Luis Miracle, Barcelona 1963.

ÍNDICE

PRIMERA PARTE
LA PERSONA DE JESUCRISTO

Capítulo 2. LA VENIDA DEL HIJO DE DIOS EN LA ECONOMÍA DE LA SALVACIÓN

Este libro, publicado por
Ediciones Rialp, S. A.,
Manuel Uribe 13-15, 28033 Madrid,
se terminó de imprimir
en Artes Gráficas Anzos, S. L.,
Fuenlabrada (Madrid),
el día 17 de junio de 2025.